MW00986432

¡C

Llenos de humor y de gracia, los testimonios aquí reunidos hablan de exilio y gentrificación, de malos ratos y amistades para siempre, de esperanza y recuerdo; de utopías olvidadas. Esto es latinidad queer en todo su glorioso esplendor, derramando historias envueltas en glitter y mugre, historias urgentes que capturan el espíritu y no lo sueltan. Este libro es lectura obligatoria para cualquiera que esté interesado en los placeres inesperados y las crueldades de la cotidianidad vividos por inmigrantes latinxs queer que redefinen el significado de comunidad, sexo, política, cultura, y, finalmente, de ellos mismos.

Juana María Rodríguez, autora de *Queer Latinidad*

¡Cuéntamelo! es maravilloso de leer, pero es también historia esencial. Juliana Delgado Lopera le ha hecho un favor crucial a San Francisco y al país entero al compilar estos extraordinarios testimonios narrados con humor, intensidad, angustia, y dolor. Solamente un gran escucha podría recopilar historias tan poderosas, tan detalladas. Juntas cuentan una historia increíblemente variada y al mismo tiempo universal sobre la resistencia que existe aún en las más improbables de las situaciones.

Peter Orner, autor de *Love and Shame and Love*

Una antología excepcional repleta de testimonios de transformistas, chicxs, locas, y mujeres que emigraron de Latinoamérica en los 80. Estos chicxs redefinen nociones normativas de "pride", y revelan las complejidades que actuaron en su contra, a la vez que niegan la marginalización por medio del show y el fortalecimiento de la comunidad. Estas historias ampliarán los corazones del lector que esté dispuesto a dejar que estos testimonios hablen por sí mismos.

La Chica Boom, *Artista Escénica*

¡Cuéntamelo!

Testimonios de Inmigrantes Latinos LGBT

JULIANA DELGADO LOPERA

Ilustrado por
Laura Cerón Melo

Editado por
Shadia Savo and Santiago Acosta

aunt lute books

San Francisco

Aunt Lute Books
P.O. Box 410687   Print ISBN: 978-1-879960-94-7
San Francisco, CA 94141   EBook ISBN: 978-1-939904-20-1
www.auntlute.com

Diseño editorial e ilustraciones: Laura Cerón Melo
Foto de la cubierta (Inglés): Virginia Benavidez
Foto de la cubierta (Español): Eva Seifert
Director ejecutivo: Joan Pinkvoss
Director editorial: Shay Brawn
Producción: Maya Sisneros, Taylor Hodges, Andrea Ikeda, Katie O'Brien, Kari Simonsen, An Bui, y Tiffaney Padilla

La impresión de este libro fue posible con el apoyo de Horizons Foundation, California Arts Council, y Sara and Two C-Dogs Foundation

Library of Congress Cataloging-in-Publication Data

Names: Delgado Lopera, Juliana, author.
Title: −Cuéntamelo! : oral histories by LGBT Latino immigrants / Juliana Delgado Lopera ; illustrations by Laura Cerón Melo ; edited by Shadia Savo and Santiago Acosta.
Description: San Francisco, CA : Aunt Lute Books, [2017] | First edition published in 2014 as: −Cuéntamelo! : testimonios de inmigrantes latinos LGBT = oral histories by LGBT Latino immigrants. | Text in English and Spanish, bound back to back and inverted.
Identifiers: LCCN 2017042650 (print) | LCCN 2017045127 (ebook) | ISBN 9781939904201 (ebook) | ISBN 9781879960947 (alk. paper)
Subjects: LCSH: Sexual minorities--California--San Francisco--Biography. | Latin Americans--California--San Francisco--Biography. | Immigrants--United States--Biography.
Classification: LCC HQ73.3.U62 (ebook) | LCC HQ73.3.U62 S3535 2017 (print) | DDC 306.76--dc23
LC record available at https://lccn.loc.gov/2017042650

Impreso en U.S.A. en papel sin ácido
10 9 8 7 6 5 4 3 2 1

En memoria de Marlen Hernández

Agradecimientos

Quiero agradecer al Queer Cultural Center y a Galería de la Raza por haber apoyado y financiado este proyecto en su etapa inicial. A Aunt Lute por querer preservar la historia y memoria queer. A Laura Cerón Melo por diseñar e ilustrar el libro. A mis editores, Santiago Acosta y Shadia Savo por su paciencia y perseverancia. A Adela Vázquez por ser la reina que es y ser parte de mi vida. A Nelson D'Alerta, Mahogany Sánchez, Alexandra Cruz, Manuel Rodríguez Cruz y Carlos Sayán Wong por compartir sus historias. A Marlen Hernández por dejar una huella indeleble en la communidad Latinx— *te extrañamos mama.* Este proyecto no se hubiera podido realizar sin la colaboración de Juana María Rodríguez, Xandra Ibarra, Diego Fernández, Jorge Hernández, *SF Weekly*, Peter Orner y toda la gente que me apoyó en la creación del libro. Por último, todo el amor del mundo para Daniela Delgado y María Estella Lopera por el apoyo incondicional.

Contenidos

"La instrucción nos lleva de la mano por la senda iluminada del ABC en el conocimiento. Pero más allá del margen hay un abismo iletrado. Una selva llena de ruidos, como feria clandestina de sabores y olores y raras palabras que siempre están mutando de significado. Palabras que se pigmentan sólo en el corazón de quien las recibe. Sonidos que se camuflan en el pliegue del labio para no ser detectados por la escritura vigilante. Más allá del margen de la hoja que se lee, bulle una Babel pagana en voces deslenguadas, ilegibles, constantemente prófugas del sentido que las ficha para la literatura."

Pedro Lemebel

Introducción

Mientras camino por Mission Street, al pasar el cruce con la calle 19, el olor de las salchichas envueltas en tocineta que vende Leo invade mi nariz. Estoy en el corazón de la Misión, en San Francisco, y Adela, mi madre queer adoptiva, vive en el segundo piso de un viejo edificio victoriano. Venir a verla es mi dosis diaria de drama familiar. Las escaleras que suben hacia su apartamento son estrechas, sobre las paredes naranja pueden leerse frases y signos dispersos; finalmente, una puerta de madera con el letrero *please keep this door closed* me permite entrar hacia el pasillo del segundo piso. Ella me deja la puerta abierta. Aquí somos familia.

Todo comienza donde Adela. Por años he ido todas las semanas—a veces todos los días—a su casa a ver *Caso Cerrado*. Mientras comentamos el drama extravagante del programa, nos contamos historias, traemos las vidas que hemos dejado en nuestros países a este apartamento en la Misión: materializamos nuestras familias, nuestras pérdidas, nuestra nostalgia. Comemos harina de maíz mientras Adela cuenta y recuenta cómo en los sesenta Fulanita terminó en una cárcel en Cuba por haber usado maquillaje. Cómo esta y otra loca vendía crack y comida casera en los ochenta, manteniendo negocios en sus apartamentos del Tenderloin para sobrevivir. Cómo ella se fue un día de su casa en 1970 cuando sólo era una adolescente en Cuba para vivir en la playa durante nueve meses, y cómo su abuela caminaba por millas y millas, vistiendo medias veladas bajo el sol cubano, sólo para llevarle comida caliente y medias limpias.

Cuando termina *Caso Cerrado* llega más gente a casa de Adela. Todos vienen a contar una historia. Luego de algunas horas el apartamento se llena de fantasmas de los ochenta, de los noventa; fantasmas que deambulan en drag, que mueren durante la epidemia, que abandonan sus casas en Centroamérica a pie o en barco. Fantasmas que sobreviven en los márgenes de la sociedad, refugiados en el underground que los acogió. La mayoría son Latinxs, muchos de ellos inmigrantes. Cuentan sus historias, elaboran, se pelean por la veracidad de sus vidas. Yo escucho.

El mundo queer que ha emergido frente a mí cada día, con cada historia, es invisible para la mirada pública. Las vidas y memorias de Adela, Nelson, Manuel, Alexandra—personas que se han convertido en mi familia queer— se ocultan en apartamentos de una habitación.

Porque la historia LGBT rara vez incluye a Latinxs. Porque es mucho más inusual que formen parte de este diálogo los inmigrantes queer de habla española. Porque nuestra historia no es una serie de hechos inconexos, sino más bien el tejido de nuestras historias humanas; algunas celebradas, otras ignoradas. Para alcanzar una comprensión más completa de lo que somos, luego de tres años de ser sólo un testigo decidí comenzar a registrar las voces que me rodeaban.

Al principio no sabía qué hacer con estas historias ni cómo comenzar a ordenarlas. Adela y yo siempre comentábamos que yo escribiría sus memorias, pero esto era un proyecto distinto. Quería incluir más voces; que la gente contara sus vidas y poner esas narrativas juntas, contradiciéndose mutuamente. Por dos años pensé en hacer un libro, un podcast, una película, pero nada progresó. ¿Cómo fijar fielmente este mundo migrante y queer? ¿Cómo lograr que la fusión de diferentes formas del español y del inglés (el spanglish) dominara la página pero sin desbordarla? Entonces el género del testimonio surgió como una estructura posible para capturar estas voces sin que la del editor se convirtiese en una presencia abrumadora. Eso era importante: que mi voz no fuera legible sobre la página. No quería poner la atención sobre el editor. El foco debía estar únicamente en las historias, en el sonido de sus voces, en los ritmos creados por la palabra de sus vidas.

En 2013, mientras fui asistente editorial en *SF Weekly*, propuse al editor publicar una serie de testimonios sobre inmigrantes Latinxs

LGBT. Él se mostró emocionado por el proyecto. El artículo de portada de la edición del 26 de junio de 2013 se tituló *Cuéntamelo: An Oral History of Queer Latin Immigrants in San Francisco*, y contuvo cuatro testimonios acompañados por los retratos fotográficos de cada protagonista. La comunidad lo recibió con mucho agrado. Los relatores recibieron llamadas emocionadas de amigos que los habían visto en la portada de *SF Weekly*, conmovidos por la potencia de sus historias. Yo también recibí llamadas de amigos y personas de la comunidad que querían ver una versión ampliada y desarrollada de la pieza. Yo quería lo mismo. Por cuestiones de espacio no pudieron incluirse algunas historias en esa edición de la revista. Además, las había traducido al inglés (con algunas expresiones en español por aquí y por allá), y era imprescindible que, si aparecía una versión más larga del proyecto, el texto estuviera en español (o fuera, al menos, bilingüe).

En aquel momento me enteré a través de un amigo que el Queer Cultural Center (QCC) estaba preparando un taller para quienes quisieran solicitar a las becas anuales del National Queer Arts Festival. Mientras esbozaba la propuesta el proyecto fue tomando la forma que aquí se presenta: una colección de testimonios e ilustraciones de inmigrantes Latinxs mayores de 45 años. Aquí la edad es una marca esencial. En una cultura que glorifica la juventud eterna, que esconde a sus adultos mayores en instituciones—invisibilizándolos—resulta crucial enfocar a los queers que vinieron antes que nosotros y nos abrieron caminos. Incluso, es esencial que redefinamos lo que entendemos por estos movimientos—tanto el movimiento LGBT como el inmigrante— trasladándolos desde una perspectiva centrada en la juventud a un marco más amplio que incluya todo tipo de experiencias sin importar la edad.

Mientras trabajaba en la beca del QCC, supe que la Galería de la Raza también ofrecía becas para proyectos enfocados en cultura Latino/a. Fue gracias al apoyo de ambas instituciones que la primera edición del libro fue publicada. Desafortunadamente, debido a que sólo se imprimieron 300 copias del libro, las cuales se vendieron el mismo día del lanzamiento, durante los últimos dos años ¡*Cuéntamelo!* permaneció disponible únicamente como e-book hasta que las editoras de Aunt Lute me contactaron, emocionadas de volver a publicarlo y llevarlo a una audiencia más amplia.

La nueva edición se publica en un momento de gran cambio político en EEUU: Donald Trump fue elegido presidente y con él una oleada de legislación que criminaliza a comunidades inmigrantes y comunidades trans. El racismo, xenofobia y supremacía blanca fortalecidos, incitados e incentivados; la máquina de odio residiendo en la Casa Blanca. El día después de las elecciones, tanto inmigrantes como personas LGBT se apresuraron a buscar ayuda legal para ajustar su estatus migratorios, tramitar cambios de nombres, sacar pasaportes—todos nosotros tratando de alistarnos para la persecución y violencia intensificada que sabíamos vendría pronto. Y así ha sido. Por lo tanto es con renovada urgencia—y entendiendo que depende de nosotros recolectar y preservar nuestras historias—que esta nueva edición se publica.

La mayoría de las personas que aparecen aquí son cercanas a mi, parte de mi familia queer adoptiva; otras, como Carlos, escucharon del proyecto y quisieron participar. Tristemente Marlen Hernández, mi tía queer, murió en Enero del 2017 después de años luchando un cáncer. Esta nueva edición es dedicada a ella y a todas las chicas trans constantemente abriendo espacios para todos nosotrxs.

Estas historias no tienen la intención de representar a la comunidad entera; más bien intentan contribuir con diálogos actuales acerca de la migración, el exilio, el desplazamiento, la edad, la identidad queer y Latina. Estuve presente durante cada uno de los testimonios y los traduje del spanglish. También edité los textos con la ayuda de Santiago Acosta y de Shadia Savo. Laura Cerón Melo, ilustró y diseñó el libro.

En última instancia, esta colección de testimonios pertenece a la comunidad.

Y todo termina donde Adela.

Cuando vemos *Caso Cerrado*, Adela juega Angry Birds en su PC. Su casa siempre está oscura, apenas iluminada por pequeñas lámparas, esparcidas como medusas, compradas en el Goodwill de 19 y Misión o encontradas en la calle y ensambladas con cuidado, con amor. Y siempre le digo, Mama, ¿por qué no prendes las luces mientras coses? Te vas a quedar ciega, mujer. Pero Adela sólo escucha a su voz interior. La guerrera interior que hace 55 años comenzó a adornarse las pestañas con betún. La campesina gordita que hacía que su abuela le apretara más los pantalones para que parecieran más femeninos, con más estilo, más acampanados, y así todas las maricas del Casino Campestre la miraran y le gritaran: ¡Niña! ¡Fuerteee! La chica de 21 años obligada a huir de casa, expulsada a patadas de la isla, estampada con un HOMOSEXUAL en su tarjeta del servicio militar, enviada lejos a Fort Chaffee, en Arkansas. Antes de esto tomó un autobús con 400 pesos que tuvo que tirar por la ventana porque no los podía llevar con ella. Esa noche, Adela estaba en camino a la libertad, que significa irse, cortar el cordón umbilical que te ata a todo lo que conoces, arrancarse el corazón y enterrarlo en la playa, cerca del Mariel, para que la tierra te recuerde. 55 años de sabiduría acumulados junto a mí.

¿Qué pasó con ese libro?, me pregunta, ¿todavía vas a escribir sobre mí o qué?

¡Cuéntamelo!

Adela Vázquez

Camagüey, Cuba

Fecha de Llegada: Mayo 8, 1980

Adela y yo nos conocimos en una clase en UC Berkeley donde ella asistió como conferencista invitada. Adela es la reina de las reinas, cubana-inmigrante mátame-con-ese-acento-niña que conquistó San Francisco a principios de los noventas con The House of Pan Dulce. Pan dulce con sabor caribeño. Durante 1992, si andabas por la dieciséis, si ibas a Esta Noche o a La India Bonita, si bailabas salsa, cantabas boleros y de casualidad eras gay y además eras Latino, conocías a Adela. Delgada, larga, de colitas rosadas, un vestido apretado y tacones para matar. O a veces yendo por el look gótico, rasurándose las cejas y con su pelo negro, oscuro como la noche, partido a la mitad cubriéndole los senos. Adela, la diosa omnipresente. Adela fue la voz de la comunidad trans Latina en la cima de la epidemia, en un momento en que la comunidad justo comenzaba a organizarse y a demandar derechos. Fue la primera trans Latina en trabajar para una organización recibiendo un sueldo. La gente le siguió el paso: prostitutas, putos, trabajadoras sexuales trans, artistas underground, club kids, todos atraídos por su profunda voz ronca, su manera suave y elegante de decir: I don't give a fuck!

Recuerdo hace algunos meses, íbamos bajando por la Misión hablando como quinceañeras mientras en cada esquina alguien le gritaba, ¡Adelita! ¡Mamá! y ella les respondía: Ay, corazón, ¿cómo tú está? Una pequeña congregación de queers mayores nos rodeaba mientras ella me introducía como su hija menor.

La entrevisto mientras Caso Cerrado corre en la tele. Cuando el programa termina, apagamos el televisor porque ambas odiamos Al Rojo Vivo. Adela se burla, diciendo que ninguna mujer en Latinoamérica despierta tan arreglada y glamorosa como lo hacen en las novelas. Es cierto.

Cuando cumplí trece años pedí dinero en mi casa para ir al cine, pero no fui al cine. Me fui por el Casino Campestre, que era un parque tipo americano, un campo con muchas fuentes, abierto; yo había visto por ahí unas locas, unos maricones. Allí me encontré personas que conozco hasta el día de hoy: la Yoya, la Mayami, unas locas medio raras pero que fueron mis primeros contactos con la mariconería cubana.

Acababa de salir la película What's Up, Doc?, con Barbra Streisand, donde ella usaba unas gorritas como Sherlock Holmes y yo me las ponía igual, muy hembrita. Con eso yo me fui, vestidita con jeans campana beige, una camisa de flores y esa gorrita que me hizo mi abuela.

En el Casino Campestre había una fuente que tenía un pato, un cisne así que echaba agua por la punta, y ahí te bautizaban otras locas. Una loca vieja te bautizaba echándote en el pelo el agua que salía por el pico del pato. A mí me bautizaron con el nombre de La Chica Terremoto. Todavía hay locas que cuando me ven me dicen La Chica Terremoto. En el bautizo te aguantaban pa' tras, te echaban agua y te decían un rezo, Con esta agua te estamos mariconeando. Tenías tu padrino, que era un bugarrón, y una madrina que era una loca. No me acuerdo exactamente quién me bautizó, pero me acuerdo que el bugarrón de Candelita fue mi padrino en la mariconería. ¡Éramos tan jovencitas! Nos sentábamos en el parque y entonces, por la noche, uno se metía en uno de esos recovecos y se sentaba en grupo a loquear. A hacer nada más que mariconear. ¡Éramos unos niños! Quince, catorce, dieciséis años. Modelábamos la ropa que traíamos puestas, ¡Y ahora va a salir Fulana con este vestido! En nuestra mente era una maravilla. Lloviera, relampagueara, ciclón yo salí todas las noches desde los trece a los veintiuno.

En marzo de 1980 se formó el problema de la embajada de Perú en Cuba, se empezó a decir que la gente se estaba yendo. Decían que estaban dando salida en La Habana para los Estados Unidos, para Miami. Entonces yo me fui con unas locas para La Habana, directamente a una oficina de inmigración que habían abierto, pero nos dijeron que teníamos que regresar a nuestra ciudad porque en cada ciudad se iban abrir estas oficinas. Yo corrí para Camagüey, que eran como ocho o nueve horas de camino en guagua. Llegué por la tarde y esa misma noche me arreglé, me fui para la calle y empecé a recaudar maricones, Niña, mañana van a abrir la oficina para irnos. Yo fui de las primeras personas que se presentó, muy temprano en la mañana, en inmigración. Cuando abrieron habrán pensado, ¿Y qué hace aquí todo este montón de locas? Yo les dije lo que me habían dicho en La Habana, que iban a abrir una oficina en Camagüey. ¡Sí, pero, coño—dijo el tipo—, qué pronto tú vienes! Una vez que me hice mi pasaporte, me dijeron que tenía que probar que yo era homosexual, ¡dime tú! Pero entonces fui con Mami y le dije: Mami, tienes que ir conmigo a la oficina del Servicio Militar Obligatorio. En Cuba, cuando cumples dieciséis años es obligatorio inscribirte al servicio militar. Cuando yo fui a inscribirme había no sé cuantas personas, miles de niños en el estadio de la provincia. Yo estaba en el estadio que estaba cerquita del casino campestre. Yo planeé esto: me afeité las piernas, le pedí un blúmer a mami y me lo puse. Allá te tenías que quitar toda la ropa, ponerla en un bag, y colocarte en una fila. Yo me quedé con los panties puestos, toda una muchacha. Cuando el hombre que estaba revisando llegó a mí, dice: ¿Y por qué tú no te quitas eso? Yo no me voy a quedar desnuda delante de todos estos varones, le dije al hombre. Inmediatamente me sacaron de esa fila y me mandaron para psiquiatría, y en el camino tuve que pasar frente a todo el mundo, en mi blumercito y con mi cuerpito de muchacha—yo tenía 23 de cintura, 28 de cadera. Llego donde el señor psiquiatra, que estaba escribiendo, y me dice: Sí, ¿qué hace usted aquí? No, pues, me mandaron para acá. Cuando el tipo levanta la vista, me mira y me dice: ¡Ooohhhh! ¿Sabes que esto es el Servicio Militar, y no la Federación de Mujeres Cubanas? Sin preguntarme mucho, me agarró el carnet de identidad y me puso, ¡PAM!, "HOMOSEXUAL", en el récord militar. Con eso comprobaron en la oficina de inmigración que yo era homosexual.

Eso fue el 6 de mayo del 80. Salen mañana por la tarde, nos dijeron. Teníamos que estar en una base militar a la salida de Camagüey, que queda yendo para el oriente de la ciudad. Era una finca de gente rica que se había ido de Cuba y que el gobierno cogió. Pero, niña, eran las 2, las 3, las 4, las 5, las 6, las 7, las 8 de la noche. Y creo que fui yo la que hablé con uno de los tenientes y le pregunté que hasta qué hora nos iban a tener ahí. Váyanse para la casa, que nosotros les avisamos, me dice. Pero a la salida había gente de Castro esperando para gritarnos y pegarnos a guacatazo limpio. Nos regresamos a la casona y nos montaron en un camión con una cama alta, así que tú no veías mucho, pero nos pararon en medio de toda esa gente que estaba afuera y nos bajaron. Todos éramos maricones. Había gente straight pero ya se habían ido. El grupo de maricones era el que tenía miedo de salir, porque la iban a coger contra nosotros.

Nos gritaban, ¡Escoria! ¡Maricón! Yo iba caminando, tranquilita, mientras le daban golpe a las otras, cuando oí que dijeron: ¡Aquella también, aquella también!, y praaa, ¡a guacatazo limpio, niña! Yo llegué a Miami con la oreja partía y todo. Me desmayé, y cuando me desperté me había recogido el teniente Lara. Él venía para la base, entraba a trabajar a esa hora, y entonces me recogió y me llevó para la base de nuevo. Estaba sola, había perdido contacto con las amigas, que se fueron huyendo para donde fuera. El teniente Lara me dijo: ¿Y tú no tienes a quién llamar? No podía llamar a mi casa porque ya yo me había ido. Irme fue una cosa terrible, todo el mundo llorando porque me iba para siempre. Le dije al teniente, Si me deja aquí un ratito hasta que se pase todo esto, yo me voy para la casa de un amigo y regreso mañana. Me fui entonces donde una loca amiga mía que vivía cerca de esa base militar; nosotros íbamos por ahí de vez en cuando a singar con los militares. Pero mis amigos inmediatamente fueron a mi casa a contarle a Mami y ella como loca por todos los hospitales, diciendo, ¡Lo han matado!

Alguien, yo creo que Martín, me oyó decir que yo me iba a donde Francisco. Y cuando llego a la casa de Francisco—una casita que habíamos hecho entre todas las locas, una casita de lo más cute—él también se estaba presentando para irse y no estaba en la casa. Tuve que romper una ventana, me metí pa' dentro y me bañé, me lavé la camisa blanca de lino a mano y me acosté a dormir. Eran como las tres, cuatro de la mañana, y en mis sueños yo sentía la voz de Mami, llegando con mis amigas y diciéndome: Niña, hay que irnos, que a las cinco de la mañana sale la guagua para llevarnos a La Habana. Y yo, Dale, ya estoy lista. Yo con mi bolso de lona, que aquí todavía tengo y que me hizo mi abuela. Media dormida, no sabía lo que estaba pasando. Mami me dio 400 pesos, que cuando llegué a La Habana tuve que tirar por la ventanilla porque no podíamos llevar ningún dinero, no podíamos llevarnos nada.

Nos llevaron para Cuatro Ruedas, y ahí nos dieron un salvo-conducto que decía que habíamos estado en la embajada de Perú, lo que era mentira. De ahí nos llevaron a el Mosquito, un puerto cerca del Mariel que habían improvisado los militares. Estuve en el Mosquito como ocho días y no te puedo explicar lo horrible que fue. Cuando llegamos se formó una tormenta en el mar. Esto era una playa llena de gente, de delincuentes. Tú no sabías en qué te ibas todavía. Imagínate tú que yo estaba sin bañarme, sin afeitarme, sin comer. Recuerdo eso como un delirio. Había un chiquito que traía una cuora para llamar a su casa cuando llegara a Miami, pero los perros se lo olieron y lo tiraron a los perros. Había unos presidiarios tratando de robar: Fue mi primer contacto con el mundo, sin estar protegida por familia ni nada. ¡Sola! Estaba en Cuba pero no estaba en Cuba. Yo andaba con seis locas que nos vinimos desde Cuba hasta aquí, juntas todas. Circulaban chismes de lo que iba a pasar cuando salieras al mar: que te tiraban a los tiburones, o que te metían en un campo de concentración e ibas presa por el resto de tu vida. Realmente tú no sabías a dónde ibas.

Me recuerdo ya en el barco la cara de las personas. Unas tipas de Miami con una cara de perro que no estaban interesadas en que estuviéramos nosotras ahí, porque esa gente iba a encontrarse con sus familiares, no a buscar un montón de maricones y presidiarios. El barco se llamaba The Lynn Marie y era un camaronero de Canadá.

Partimos por la tarde, estaba atardeciendo y La Habana alejándose. Cuando se hace de noche en el mar, todo es totalmente oscuro y no te ves ni la mano. Yo iba muerta de cansancio, un poco histérica porque estaba sucia, incómoda, con peste. En ese barco hasta parió una persona. Había 192 personas, no te creas que era un barco chiquitito. No nos daban comida ni nada de eso; tiraban unas cajas con huevos y arroz y nada más. Arriba, donde estaba el timón del barco, hay como una casita, ¿verdad? Ahí tiré mi bolsa, me encaramé y me acosté a dormir. Lo que quería era descansar, después de pasar una noche completa sin dormir, porque todo era, ¡Los perros!, ¡la comida!, ¡levántate!, ¡que te van a robar!, y el temor de que me iban a tirar al mar en cualquier momento y que nos podían comer los tiburones. Me metí ahí y me acosté a dormir, y en eso siento los guardacostas que te escoltan hasta el muelle en Key West.

Cuando llegamos habían unas mujeres de Miami con un olor a perfume de Uncle Charlie muy fuerte diciendo: Están en América, no tengan miedo, están en Estados Unidos. Te daban un rosario, cigarrillos y coca-cola. Entrabas a una nave inmensa con mesas de comida caliente, comida cubana. Pero, niña, tons and tons of food. Yo me hice un sánduche de jamón. Inmediatamente te llenaban el I-95, que te da estatus de refugiada, ¡No puedes botar ese papelito! Con eso te daban un brochure de la Virgen María, la Virgen del

Cobre. Yo tengo todo eso guardado. En otra nave había una loma de ropa de donaciones, y yo le dije a mis amistades: Vayan a buscar ropa, yo me acuesto en este catre, que ni tengo dónde poner la ropa. Cuando estaba cogiendo el mejor sueñito, me despiertan las locas diciendo que nos íbamos para Miami. Cuando nos montaron en el avión, a los quince minutos sale una voz: *You're flying blah blah blah... Arkansas.* Lo único que entendí fue que íbamos para Arkansas. Y yo, histérica. En ese avión los negros de las prisiones se robaban todo, las frazadas, los salt and pepper, todo, dejaron el avión pela'o.

Llegamos a Fort Smith, Arkansas, nos bajamos de ese avión y ahí yo me asusté un tantito. Desde la puerta del avión a la guagua había una hilera de policías federales con metralletas. Tenías que montarte en la guagua militar que te llevaba a Fort Smith, que era un pueblito, y de ahí nos llevaban a Fort Chaffee. Fort Chaffee fue creado para preparar a los militares en la Segunda Guerra Mundial. Era inmenso, con iglesias, hospitales, de todo, hasta laundry. Ahí jurabas a la bandera. Entonces te asignaban un cuarto, te daban unos paquetes de la Cruz Roja. Cuando me preguntaron que si de hombre o de mujer yo dije: ¡A mí denme uno de cada uno! Y con eso te asignaban un edificio, el mío era el 1412.

Ahí pase un mes y medio divino. Me casé varias veces, era una singadera increíble. Ahí me singué al tipo con el tatuaje de, *Vaja y gosa mi savol,* con toda falta de ortografía. *Mi savol,* y una flecha pa' la pinga. Con una morronga *así* de grande.

Hasta que tú no consiguieras un sponsor que te sacara del refugio no podías salir. Me sacó una muchacha que fue a la escuela de magisterio conmigo, Lucy, que se había ido de Cuba hacía como un año. La iglesia Católica te daba cien dólares y un pasaje para donde fueras. Mi amigo Carlitos y yo llegamos a Los Ángeles, y nos dijeron que en el Gay Community Center cada miércoles tenían unas reuniones adonde iba gente que quería sponsorear a cubanos. Yendo para el Gay Community Center, por La Brea, vemos a un maricón viejo y le gritamos por la ventana, ¡Fuerte!, y ella hizo así y quién tú crees que era, Rolando Victoria, claro. La cosa es que a Carlitos y a mí nos apadrinó ella. Rolando Victoria fue—me dan hasta ganas de llorar porque fue mandado del cielo—una mamá que nos ayudó como a nadie. Comiquísima, borracha, alcohólica, pero divina. Yo la vi a ella muchas veces pararse de su asiento y caerse así, de borracha. Pero era divina, yo la adoro y donde quiera que esté que Dios la tenga en su gloria. Con Rolando viví desde julio del 80 hasta marzo del 82. Él me consiguió trabajo empacando regalos en Neiman Marcus. Carlitos se echó un marido mexicano y se fue. Yo vivía con Rolando, maravillosa. Al año de estar celebrando mi aniversario en este país me llevaron a un lugar que se llamaba La Plaza, como decir un Esta Noche. Me llevaron Rolando Victoria, Freddy—un coreógrafo cubano-puertorriqueño—, y Manuelín—un cubano maricón y personal assistant de Diana Ross, que traía el dinero en libretitas, arrancaba una hoja y eran cinco pesos, como los foods stamps pero dinero. Ahí vi los primeros drag shows, las primeras drag queens, bellísimas. Con ellos esa noche me vestí por primera vez de mujer.

El 23 de octubre 1983 llego a San Francisco con Catherine, unos días antes de Halloween. La primera vez en mi vida que vivía en el ghetto, en el Tenderloin, en Eddy y Taylor. Yo estaba con Alicia. Vivíamos un montón de gente, todo el mundo Cubano, y Alicia y yo dormíamos en un colchón hecho de cojines en la cocina, con ratones. Fue la primera vez que fui al Endup y caminé por la seis. Yo estaba fascinada con San Francisco. Empecé a trabajar en un hotel donde todo el mundo era filipino; imagínate la comunicación con todos los acentos.

Después empiezo la escuela de peluquería y me gano un concurso para que me entrenen en New York. Me entrenan en Bloomingdale's, empiezo a trabajar Neiman Marcus de vuelta en San Francisco, regia con un dinerango. Trabajaba cuatro horas al día, divina, e iba a la escuela. Pero empieza Alicia a fumar crack, cosa que yo no sabía, y en el Thanksgiving del 86 me dice, Voy para el trabajo, y no regresó nunca. Pasaron muchas cosas en esos años. Y empiezo yo a buscar a Alicia, y cuando por fin hablé con ella me dijo: I found what I want, maricón, vaya a mamar, en puro español, y me colgó el teléfono. Yo puse todas sus cosas en una caja y las mandé para su casa en West Virginia. En ese momento vivíamos en un apartamento en Post y Larkin haciendo una cantidad de droga, a little too much.

Trabajé casi siempre cortando pelo. Uno de los sitios fue una peluquería allá por las avenidas en un lugar chiquitico, donde trabajaban tres maricones y mi amiga Jorge Luis. Actually era una hair boutique, solamente por appointment. Ahí se murieron los tres maricones de AIDS, y me quedé sola trabajando hasta que una griega compró la peluquería, pero yo ya no quería trabajar con ella y a finales del 89 me devolví a Los Ángeles.

Volví a San Francisco en el 91, ya de muchacha, como Adela, a trabajar en una peluquería.

En Instituto Familiar de la Raza había un chiquito que hacia outreach, Víctor Gaitán, y este niño fue a la peluquería y me dijo, Adela, necesito que me ayudes en un proyecto. Yo en aquel momento estaba media arisca con lo que es la cosa de la comunidad, y le dije que yo realmente no me quería envolver en eso porque yo venía de un país comunista. Entonces me dice él: Pero esto es diferente, es un concurso que te va a gustar, y tienes posibilidades de ganar. Yo estaba de lo más bonitilla, eso era cuando Delight y yo me vestía un poquito como ella.

Entonces I went with him a las prácticas con un poquito de penita. Y me fui para la segunda, compré un vestido fabuloso. Yo tenía el pelo largo, por la cintura—estaba divina—y me mandé a hacer un moño inmenso, grande, negro del mismo color de mi pelo, para que la gente no supiera, y no se pudieran imaginar que yo iba a salir con aquel peinadote. Eso fue en el 92, jovencita, una pepillita, considerando que todavía estoy muy joven. Tenía miedito de concursar, pero gané. A partir de eso comenzó ya lo que es en verdad mi interés, con el show y la comunidad.

Cuando gané Miss Gay Latina en 1992 la epidemia del SIDA todavía era una cosa fuerte. No habían sacado la pastillita ni nada de eso. Yo hacía show en los hospices donde la gente se iba a morir, y así empecé a darme cuenta que la cosa transexual no estaba organizada ni había nadie representando la comunidad transexual latina. Por ejemplo, a las latinas en los hospices no las dejaban vestirse de mujer, las tenían allí vestidas de varón. Bueno, no es que no las dejaran, es que no estaba condicionado para que ellas pudieran ser quienes eran.

La cosa fue que yo dije: Bueno, Adelita, tienes que hacer algo.

Había una señora, una drag queen, que se llamaba La Condonera. Una mexicana comunista que empezó a salir a la calle con condones, que no sé de dónde los sacaba, y salía a repartirlos por las noches a las putas, y a las drag queens. Ella me vio haciendo show en una de estas actividades y me preguntó si quería trabajar en eso con ella. En aquel momento yo estaba tratando de salirme de la peluquería, porque estar ahí me volvía un poquito loca. Entonces le dije, Bueno, yo puedo colaborar contigo. Trabajando con ella me di cuenta de que había otras personas que podía reclutar. En aquella época Alexandra acaba de salir del high school, una muchacha gordita, puertorriqueña, de 18 años, muy bonita. Recluté a Alexandra, a otra loca salvadoreña muy alta y a otros chicos. Éramos cuatro, formamos un grupo, nos llamábamos Las Atredivas.

Éramos un grupo de transformistas, de let's say female impersonators, I like the word female impersonator. Realmente fue idea mía y de Héctor León. La Condonera tenía la facilidad de conocer gente porque ya estaba envuelto en Proyecto ContraSIDA, que yo en ese momento ni sabía qué era. Proyecto ContraSIDA estaba en la 18 con Dolores, donde están los helados.

Las Atredivas hablaron con Gustavo Arabioto, que era coordinador de una organización, y él nos conectó con el bartender de Esta Noche, un puertorriqueño bellísimo—que murió—, y éste habló con el jefe para ver si podíamos hacer show. En aquel entonces el bar tenía una licencia que le permitía abrir hasta a las 4.00 am los sábados. Yo le propuse un show que comenzara a la 1.45 am. Ellos tenían media hora de lo que era alcohol hasta las 2.00 am, pero lo de la puerta me lo daban a mí y ese dinero yo lo donaba a agencias latinas. Empezamos hacer el show y fue inmediatamente un éxito. Yo le decía a mis amigos que andaban por ahí—muchos eran straight— y el bar se llenaba de un crowd totalmente diferente.

Así empecé yo a coger un nombrecito. Cuando Proyecto ContraSIDA vio esto, inmediatamente me ofrecieron trabajo. Yo no sabía nada de nada de la comunidad y tenía miedo de que me dijeran que era comunista. Entonces tuvieron que entrenarme. Tuve que hacer un cambio en mi vida—porque yo era peluquera— pero de entrada fue un éxito: fui la primera trans latina empleada para lidiar con issues del VIH en San Francisco.

Esto te lo voy a decir solamente desde mi experiencia: cuando yo llegué a este país y vi las primeras transexuales, me quedé WOW. Cuando vi a Zulca, por ejemplo, la primera vez en Hollywood Boulevard, yo la miraba y la miraba y la miraba, ¡qué cojones la pena! Yo estaba fascinada por la clase de perro con rabia que era esta persona. Una cinturita así, y el ancho de la cadera de Zulca es así. Todo de silicón. Un monstruo pero muy bello. Y para que veas, Zulca es una maravilla de persona, ¡y con un knowledge de todo esto! Era como hablar con el Gurú de la Transexualidad. Ahí fue que yo empecé a hacerme, con ella y con Francis López que es una gran puta. Divina, la Francis. Ella era la bartender del bar de transexuales que estaba en medio del Tenderloin, antes de Divas. Yo nunca fui al médico. En eso las transexuales latinas tienen el poder porque traen las hormonas de México. En esa época no podías decir simplemente, Voy a hacerme muchacha, e ir al médico. Yo no sé si las blancas sí podían, creo que sí, porque había el problema de los gatekeepers. Pero yo jamás oí de eso. Tú ibas con una loca vieja que te decía lo que tenías que tomar, Tómate dos Perlutales con esto y aquello, por ejemplo. Te daban unas recetas fantásticas, y yo trataba a ver cuál me servía. Las traían de contrabando o mediante otra loca de México. Las hormonas realmente son anticonceptivos súper fuertes. Había unas que te ponían histérica, y otras que te ponían bellísima, con una cantidad de tetas.

Es muy bueno que ahora intervenga un médico, porque el problema de todo esto es que te puedes enfermar, te puede dar cáncer en el cerebro, por ejemplo. Cuando yo comencé a trabajar en la comunidad vi horrores, vi locas inyectándose directamente la hormona en la teta. ¡Niña, que eso te puede provocar un cáncer!

Esto del silicón es muy latino. El silicón para mí es una cosa bien rara. Lo traen de Sudamérica, de Venezuela, y es por eso que las locas latinas están súper envueltas en eso. Pero hay una cosa que pasa con el silicón, que se llama silicon warming, y es que la gente se empieza a podrir, se te revienta o te puede dar un cáncer en los huesos. ¿Por qué tanto silicón, mamita? Hay personas que están *todas* hechas de silicón y entonces, imagínate, el cuerpo trata de sacarse todo eso.

Hoy en día tú puedes comprar silicón, que es esa cosa para cerrar los pipes, ese clear liquid, y a eso ponerle baby oil e inyectarte eso. El baby oil lo absorbe el cuerpo y cuando vienes a ver te quedaste con una cosa dura en culo. Pero la gente lo hace.

Las latinas todavía se inyectan en México. Cuando era peluquera trabajé con una persona que se llamaba La Chubidu, una gorda rubia nicaragüense. Se murió de cáncer en los huesos, porque estaba en un concurso en un bar de México y una loca le dijo que con aceite de guayacol se podía ganar. Entonces La Chubidu, antes de salir al show, le dijo a una loca que la hiciera toda con aceite de guayacol y así era la cosa, ¿ok? Pero eso no es para inyectarse, y entonces se murió.

Antes de empezar mi trabajo con Proyecto ContraSIDA, Tamara Ching me pregunta que si quiero representar a las trans latinas en un meeting del Human Rights Commission en City Hall. En esa época a los transexuales les daban disability—la cosa de enfermedad mental—y a mí me parecía aquello un horror, porque en este país capitalista cuando te dan disability tú no cuentas porque no estás produciendo, y lo que quieren es que te mueras para dejarte de pagar. Entonces yo fui a protestar, y una de las primeras cosas por las que abogué fue que en la comunidad latina hay un montón de personas que no se visten de mujer pero son muchachas. ¿Entiendes? Unas loquitas que nunca se visten de mujer pero son mujeres. Tienen su nombrecito de mujer, no toman hormonas pero son tremendas tipas y hay que respetarlas como mujeres. Empecé a hablar de esta clase de issues. Y ahí la gente empezó de verdad a darse cuenta de lo que estaba pasando. Porque, tú sabes, con Proyecto ContraSIDA estábamos en un sitio fantástico: en la 16 y la Mission, que era verdaderamente la Meca del transexualismo, de la mariconería.

Y es que el VIH tiene dos caras: la cara horrible de la muerte y de la devastación, y la cara que sacó a las transexuales de los huecos. Antes no existíamos como comunidad, lo único que se hacía era putear y hacer show. Al principio de la epidemia había un gran mito que decía que nada más los hombres blancos se morían, y muchas transexuales se hicieron el bollo para no morirse.

En Proyecto ContraSIDA trabajé siete años, me cansé y dije, Please lay me off. Estuve sin trabajo un tiempo y empecé a trabajar en el Tenderloin Resource Center. Ahí se formó una cosa en el trabajo y me botaron porque le dije al director, Take this job and stick it up your faggot ass. Luego empecé a trabajar en Glide, y era fabuloso, la gente me adoraba. También trabajé en Ark of Refuge con los morenos, por un tiempo, y después en el Eddy Center, que es un programa de prevención de drogas para mujeres. Trabajé un año y pico y me volvieron a llamar de Ark of Refuge ofreciéndome más dinero. Después estuve sin trabajo como nueve meses y empecé a trabajar en Trans Thrive que era un programa maravilloso del Asian Pacifican Islander destinado a transexuales. Trabajé un tiempazo ahí y me botaron porque me negué a hacer outreach de noche. Y después en octubre 16 del 2008 empecé a trabajar en Instituto Familiar de la Raza como Clinical Case Manager de Sí a la Vida. En el transcurso de todo esto tuve una madrina que se llamó Consuela del Río. Era una maravilla. Una artista pornográfica, una de las Madres Transexuales. Hay una película que hicieron de ella pero, ¿tú ves?, ¿qué pasó con la historia de todas estas personas que eran tan maravillosas? Ella se murió. Consuelita del Río, que tenía tremenda morronga y se singaba a los tipos por el culo sin ningún tipo de pena. Ella era sex worker y una de mis madrinas. También se singaba a las transexuales. Medía como 6' 8", mujerona, con una clase de teta y dándome unos consejos divinos. Consuelita del Río fue la que me dijo: No empieces a ponerte silicón desesperada, que así estás muy bonita.

Alexandra Cruz

Bayamón, Puerto Rico

Fecha de Llegada: Octubre 15, 1989

Cuando Alexandra abre la puerta, Chichi—su perra—salta dando vueltas, feliz de verme. Cruzamos un pasillo estrecho, típico de San Francisco, hasta su habitación. Se disculpa por el desorden y me muestra una parte de un documental donde la entrevistaron. ¿Esta entrevista va a ser así? Luego me dice: Pues, mami, déjame te cuento una historia…
Alexandra es la mayor de las hijas adoptivas de Adela. Nos conocimos en una cena de Thanksgiving, hace años, y cuando fui a entrevistarla no nos habíamos visto en mucho tiempo.
Alexandra nació en Bayamón, Puerto Rico, y a los trece años se mudó por su propia cuenta a San Francisco para buscar a su padre. Mientras cuenta su historia Chichi descansa sobre sus piernas. Luego nos movemos al living, donde me muestra un video de sí misma a los doce años, compitiendo en un concurso de baile de un programa de la televisión puertorriqueña. Todos ellos son mis primos, dice señalando a los bailarines de fondo, Mi mamá no sabía que estaba participando hasta que vio el programa. Su pelo rubio está atado en un moño, hace calor afuera y, cuando salgo de su apartamento, Chichi se sienta con ella en las escaleras.

Mi abuela me mandó para acá por mi cuenta a los 13 años a buscar a mi papá; llegué a San Francisco dos días antes del terremoto de 1989. Soy originalmente de Bayamón, Puerto Rico. Cuando llegué recuerdo que le dije al taxista, Take me to downtown San Francisco!, y me llevó para la 9 y Misión.

Llegué sola, con doscientos dólares, pero después de unos días de pagar el hotel ya me estaba viendo sin dinero. Una negra que conocí en el hotel fue la que me vistió y me dijo, You wanna make money?, y rápidamente me introdujo a la prostitución, me puse a trabajar en la calle y así fue cómo me pude mantener. Recuerdo que el primer cliente me dio cincuenta dólares, y yo súper emocionada con los cincuenta dólares.

A los 16 años la policía me agarró mamando pinga en un carro. Me llevaron presa, les expliqué mi situación y, como yo era una menor, tuvieron que buscar a mi papá. Cuando mi papá llegó vi que era igual que yo, un transexual. No estaba tomando hormonas y se vestía sólo de vez en cuando. Le gustaba vestirse de mujer pero no tenía senos ni cosas así. Era, como decir, un transformista. Fueron tres años nada más los que pasé con él porque murió de VIH, que en paz descanse. Él me puso a estudiar, me metió al high school y así dejé la prostitución.

Estuve sin comunicarme con Puerto Rico casi doce años. Estaba enojada con mi mamá porque vi que prefirió a mi padrastro. Ella se casó seis veces y uno de esos nos trató de violar a mi hermano y a mi, este padrastro era policía y para regañarnos nos agarraba de las manos y nos pegaba con la correa. A mí me molestaba que me pegara. A veces, por ejemplo, se me paraba el dedito así bien femenina y rápido me pegaban. Hasta me pusieron a ver películas pornográficas a ver si me volvía straight, ¡qué estupidez! De pequeña también tenía mis dudas dentro: ¿yo qué era?, ¿por qué me sentía diferente?, ¿por qué tenía reacciones con los muchachos? Estaba enamorada de mi primo. Te podrás imaginar, y en Puerto Rico, que el tabú es bien fuerte, y además mi abuelo era pastor de la iglesia Pentecostal. En mi familia eran todos Cristianos; incluso yo estaba en el coro, pero no podía salirme de aquel shell. So, un día mi mamá me agarró jugando con barbies y eso rebozó la copa. Mi mamá me pegó y a la misma vez mi padrastro agarró la correa y me dió, hasta que yo dije, ¡Ya, ya me harté! Le metí una bofetada a mi mamá que le tumbé un diente, recogí mis cosas y ese día me fui. Hasta el sol de hoy no los he vuelto a ver. Me fui huyendo, en busca de mi papá, aunque mi mamá me había dicho que él había muerto. Ahora, en retrospectiva, sé por qué mi mamá me odiaba cuando yo era pequeña, porque ella cachó a mi papá con otro hombre en la cama, se le quedó esa imagen en la cabeza y, claro, yo le recordaba a mi papá. Cuando me quito el maquillaje soy igual a él.

Mi abuela materna fue la que me crió, ¿tú ves? Como mi papá estaba en el Air Force en ese tiempo, nosotros viajábamos de base militar en base militar, y yo nací en New York, en el Bronx. Mi hermano nació en Texas. A los cinco años me fui para Puerto Rico. Sinceramente, yo no crecí con mi mamá. Ella siguió haciendo su

vida en los Estados Unidos, trabajando en cosmetología, y cuando
sacó su licencia se fue para Puerto Rico y allá puso un negocio.
Para mí la muerte de mi papá fue un trauma porque él se murió
en mis brazos. Recuerdo que se me fue la canica, perdí la conscien-
cia. Estuve tres años homeless, durmiendo en la calle, hasta que un
día me levanté y me dije, ¿Qué yo hago aquí?, ¡esto no es para mí!, y
rápido me fui, me metí a un baño de esos donde tú metes una cuora
y te bañas, y salí a putear. El primer cliente que me agarro me dio
cinco mil dólares y con eso renté un cuarto en el Henry Hotel de la
6 y la Misión, donde estuve viviendo por dos años.

Después agarré trabajo con Proyecto ContraSIDA gracias a que
estaban solicitando un transgender outreach worker. Le prendí una
velita a Santa Bárbara y mira que resultó. Trabajaba por las noches
llevando condones a los hoteles a mis amigas transgender. No me
acuerdo en qué año fue, tal vez en el noventa y pico. Caminaba
y daba información a muchachas nuevas que llegaban de México,
no sabían nada y estaban teniendo sexo sin protección. Les daba
un poquito de información para que se desenvolvieran mejor y
no cayeran en esta enfermedad del VIH. Trabajaba en Proyecto
ContraSIDA durante el día, luego me iba rápido para la peluquería
y después a trabajar en la calle. En ese tiempo sí había dinero para
programas, el dinero sobraba, y yo estaba haciendo dinero porque
quería mudarme. En esas conocí a Adela e hicimos un grupito para
trabajar en Esta Noche; le llamábamos Las Atredivas.

Nunca experimenté lo que es la vida gay. Nunca fui *gay boy*. A
los 13 años empecé a tomar hormonas, entonces soy transgender
desde muy temprana edad. Adela fue mi madre. Adela Vázquez,
que artistically es Adela Holiday, y yo que artistically soy Alejandra
Delight, aunque realmente soy Alexandra Cruz. Creo que antes era
mas fácil que ahora. A mí se me hizo más fácil, tal vez porque era ya
mitad transgender y vine a un lugar transgender, y además porque
tuve gente que me ayudó.

Después de Las Atredivas trabajé por ocho años de female impersonator en Finnochio's, que fue un cabaret en la Broadway. Había
empezado a hacer show desde que mi papá murió porque tenía que
mantenerme de alguna manera. Ay mama, en ese entonces pesaba
365 libras y mi cabeza estaba solamente para hacer show. Ese trabajo
era muy bueno, pero como todo empieza todo termina y un día
cerraron el lugar porque la señora murió.

En aquel tiempo estaba muy metida en las drogas y enamorada de un muchacho. Yo me abandoné de mí, siempre le daba el primer lugar a mi pareja. Ese muchacho robó mi corazón porque no me dejó abandonada cuando quedé homeless, sino que se portó como un caballero. Me cuidaba, y cuando tenía hambre me daba comida, ¿tú sabes? Y no era el hombre más guapo del mundo, ni tenía la gran pinga, pero me robó la atención. Y a veces, pues, con un poquito de atención se siente uno bien. Siempre he sido una persona "needed of love", como se dice en inglés. Tú sabes, ser transgender para mí es difícil. ¿Cómo te puedo explicar? Conseguir amor es difícil. La gente te cierra puertas, no te dan oportunidad. A mí me ha pasado eso. Me discriminan por haber nacido varón y porque tengo la voz ronca. Discriminación en el trabajo, y especialmente en la familia porque en mi caso son Cristianos Pentecostales.

Después de que cerró Finnochio's me fui para Los Ángeles un tiempo a buscar a mi pareja, que se había ido para allá. Me enteré un día, mientras estaba puteando, cuando mi amiga Carla me dijo: ¡Alexandra, acabo de ver tu marido en Los Ángeles! ¿Ah sí?, ven para acá, dije, y cuando llegamos a mi casa le pregunté, ¿Cuánto me das por todo lo que tengo aquí? Me dijo que doscientos dólares, y yo: Okay, sold! Cogí el dinero, me fui para Los Ángeles, y cuando llegué me quedé mirando alrededor y me eché a llorar, pensando, Coño, ¿ahora adónde voy? Yo nunca había ido a Los Ángeles. Pero, mira, siempre aparece un ángel. Llegó un hombre y me dijo, Hey, what's the matter, y le conté la historia. Me dijo, You're in luck! y que era manager de un hotel donde me dejaba quedarme dos días. Pues, mira, dicho y hecho, al otro día yo monté mi mochila y me fui puerta por puerta a buscar a mi hombre con la foto, Hey, have you seen this man? Me tomó tres meses pero lo encontré.

Volví a San Francisco y me quedé en un hotel allá en la Polk and Eddy que se llama... no me acuerdo. Ya lo quitaron. Ahí me quedé como un año, año y medio. Después fue cuando me raptaron, me violaron y me tiraron en el freeway. Pasé el gran trauma de mi vida. Es lo malo de ser sex worker, que uno nunca sabe. Salí del hospital y me fui a vivir a la 9 y la Misión. En ese momento decidí meterme a estudiar al City College. Ahí aprendí a escribir, porque no sabía ni escribir, y leer solamente sabía un poquito. Pero gracias a Dios ya puedo. Luego me mudé a donde vivo ahora.

Antes sí me gustaba la ciudad, pero ya no. Sinceramente me estoy quedando en San Francisco por la ayuda que dan a las transgender—como la operación—, pero yo todavía tengo miedo de estar en la calle en esta ciudad, porque el criminal que me hizo lo que me hizo está suelto en la calle, ¿ve? No lo han agarrado. Si no fuera por mi perrita yo no saldría nunca a la calle. Terminé mi carrera de fashion en el City College, y tengo mi degree aunque no sé dónde está mi diploma. Ahora estoy haciendo show para un teatro que se llama Garage. También hago costura, corto pelo, y si me llaman para construcción también hago construcción. Si me llaman para plomería, también. Yo hago de todo, mi amor, de todo lo que me dé dinero. Si quieres te construyo una casa, y te la limpio también.

Manuel Rodríguez Cruz

Brooklyn, New York

Fecha de Llegada: N/A

Estamos sentados en un sofá en el living de un apartamento ubicado en un edificio cerca de las calles Geary y Masonic. Manny va y viene, calentado una taza de café para ambos mientras me cuenta que pasó toda la mañana arreglando su casa para recibirme. Todos los que viven aquí están en rehabilitación, me dice mientras bebe su café, y luego agrega: ¿Cuánto tiempo vamos a hablar? Has ido a Parada 22 en Haight? Podemos ir ahí luego, es comida boricua. Detrás de él una ventana brilla con la luz de medio día. Conocí a Manny hace un tiempo durante una de mis tardes donde Adela. Se conocen desde finales de los ochentas, cuando Manny solía vivir en el apartamento debajo de ella. Cada semana la visita y a veces nos vemos allí, cenamos juntos y vemos Caso Cerrado. *Él es un tipo callado, así que es sorprendente verlo recontar su vida con tanta energía. Manny nació en Brooklyn pero pasó la mayor parte de su adolescencia en Puerto Rico, donde se mudó junto con su familia luego de que su padre comprara una casa en Orocobis. De tanto en tanto entra alguno de sus compañeros de apartamento a la sala y Manny señala que luego de haber vivido en la calle se siente muy cómodo viviendo aquí: Este mar de madera es mi hogar ahora.*

Creo que mi vida no ha sido aburrida. ¿Quieres café? ¿Has ido a la Parada 22 en la Haight?; es comida Boricua. Yes, al lado de Cha Cha Cha.

Mi nombre completo es Manuel Rodríguez Cruz, pero como aquí no se usa el Cruz, entonces sólo soy Rodríguez. Aunque me da pena, porque mi mamá fue la que hizo todo el trabajo de criarme. Mis hermanas y mi hermano, en cambio, tienen los dos apellidos hyphenated. Yo voy por el nombre artistico de Mannix, que es como un take on Manny.

Nací en la ciudad de Nueva York un 22 de marzo de 1961 y me crié en Brooklyn con mi mamá. Tengo dos hermanas y un hermano que es un año menor que yo. Una de mis hermanas vive en Tacoma, Washington, y la chiquita y los otros dos viven en Puerto Rico con mi mamá. Hace tiempo que mi mamá se regresó a la isla y eso—te voy a ser franco— acabó conmigo, porque yo no estaba listo para ese cambio. Cuando estamos en la casa hablamos español but everywhere else we speak English, so a veces I switch back and forth y ni me doy cuenta, ¿sabes?

Brooklyn was nice. Era un neighborhood de lo más bello. No me acuerdo bien si vivíamos cerca de Prospect Park, pero era cerca de un parque que cruzábamos para ir a la escuela PS 39 Henry Bristow Landmark School. Ahí tuve un gran comienzo, porque en aquel tiempo yo era bien inteligente, hasta que después, no sé, de pronto las drogas fucked me up. Mi hermano y yo fuimos a PS 39, recuerdo cuando cruzábamos el parque mientras nevaba and it was so cool. Yo era tremendo desde pequeño, un instigador. Yo uso espejuelos desde los tres años, so te imaginas los culitos de botella que tenía en los ojos cuando chiquito, y todas las maestras encariñadas, you know, les daba pesar. Pero era bien inteligente y ellas nunca sospecharon que yo era el mastermind. Por mi culpa hasta mi mamá se empató en una pelea en el schoolyard, agarrándose del pelo y todo.

En Brooklyn vivíamos en un edificio del cual mi papá era super-intendente, un edificio bellísimo de cinco niveles con un backyard. Teníamos un apartamento de dos cuartos y una cocina pequeña. En hindsight sería buenísimo tener un apartamento así ahora. Tengo muy buenos recuerdos en esa casa, a lot of creepy ones too. Nuestro cuarto tenía un camarote y lo tuvieron que bajar, porque nosotros acabábamos uno con el otro a patada limpia, en el otro cuarto dormía mi mamá y mi papá, so mi hermana me imagino que compartía el cuarto con nosotros, pero no me acuerdo muy bien. Yo soy el mayor de los varones y la mayor de todos es mi hermana, que tiene dos años más que yo. Mi hermanito tiene como uno menos y la chiquitica va a cumplir 41, que es la única que no habla inglés fluido. El piso del apartamento era de linoleum blanco con unos payasos gigantes y bombas de colores primarios que te daban pesadillas. ¿Tú te imaginas? And it was very bright. El wallpaper de la sala era de flores rojas con terciopelo. De mi padre—que era horrible decorando—creo yo que me viene el gusto por mover cosas, por decorar. Cuando me dejan, I mean, I love that. Me fascina, me deberían pagar por eso. La escuela sí me gustaba.

En Nueva York mis mejores amigos eran dos gemelos negritos, Kiwi and Walter. Yo me llevaba más con Kiwi, Walter era más serio. Estábamos siempre en la calle jugando, en las azoteas, you know, pateando latas and shit that we play. En el verano jugábamos con bombas de agua, Coney Island ahí mismo, y Park Rockaway también. Pero yo no tenía una buena relación con mi padre, y para completar él se fue para Puerto Rico, creo yo porque no pudo con tanta responsabilidad, tomaba mucho, los trabajos no le duraban por el mal genio que tenía.

Se fue supuestamente para encontrar una casa en Orocobis, que queda en el centro de Puerto Rico, y de donde son mi mamá, mi abuela y todos los miles de tíos que tengo. Esa fue la única vez que vivimos en el Bronx, en la misma cuadra que todos los puertorriqueños. Y mi mamá tenía que ir a conseguirnos food stamps. Mi mamá, que se ve tan solita pero que es tremenda mujer. Yo estaba en sexto grado, tenía como doce años. Anyway, mi papá así agarró una casa donde todavía vive mi mamá. Entiendo que fue mi mamá la que compró los pasajes para que nos fuéramos. El Bronx había sido un descanso, por un ratito nada más. Entonces parece que a mi mamá la llamaron para que nos fuéramos a Puerto Rico, y qué pena porque la escuela a la que yo iba era la más bella que he visto; tenía un piano y, you know, para ser una escuela pública estaba bien avanzada.

Nos mudamos a Puerto Rico con mi tía (la hermana de mi mamá), su esposo y su hija, que es prima mía; somos de la misma edad y es inteligentísima. Podría disecar cada etapa de mi vida. Recuerdo que nos mudamos a mis trece años porque tuve mi primer ataque de asma en la casa de mi tía en Santurce. Yo no sé si fue la combinación del clima con la gata que había en la casa. Creo que fue el clima. Recuerdo que cuando llegué a Puerto Rico sentí que estaba como en otro mundo. Hay estas ranitas que cantan toda la noche, ¡coquí!, ¡coquí! ¡coquí!, millones de ellas. Hay cucarachas que vuelan y mosquitos como helicópteros. Supongo que a mi tía le iba bien en ese entonces, porque la casa era bien bella y tenía aire acondicionado y angeo en las ventanas.

Mientras estuvimos en Santurce nos metieron a la escuela. A mí me gustaba la escuela más o menos. Me acuerdo de los zapatos café y beige de gamuza, y de la sensación de llegar a la escuela porque, tú sabes, cuando vienes de otra parte todo el mundo piensa que eres cool y scary.

Después nos mudamos a Orocobis, a aquella casa en un pequeño development llamado La Altura de Orocobis, donde después encontraron asbesto y todo el mundo cobró plata por eso menos mi papá. Antes de la casa en Orocobis vivíamos en otra parte de la que no me acuerdo; yo bloqueé that shit out porque no me aguantaba a mi papá. En Puerto Rico hice desde sexto hasta el doceavo grado, hasta que me gradué de la escuela. Por cierto, mi papá tiene una tía abuela—que fue quien lo crió— que vivía allá en un canferio, ¿tú sabes lo que es un canferio? Es como decir un mall center, como un Japan Town.

Mi mamá se mudó de Orocobis porque parece que se cansó de mi papá. Nos fuimos a Bayamón y después a Río Piedras. Yo solía cuidar a mi hermana y hacerle maldades. Al colegio iba en uniforme: tenía unos pantalones bien nice, azules o grises, el que me gustara más, porque siempre hice my own thing, siempre contra las reglas. Eventualmente mi mamá se fue para la Florida con su hermana y vivieron allí por muchísimos años juntas. Después se enfadó, se cansó de esa mierda, se cansó de ser enfermera, y se vino de vuelta a Puerto Rico. Poquito a poco ha podido arreglar esa casa, porque antes hasta se le metía agua.

Yo no me acuerdo bien de esa etapa porque todo lo que tenga que ver con mi papá yo trato de bloquearlo. Lo que pasa es que mi papá nunca estuvo ahí para nosotros. La verdad que no fue cool conmigo ese cabrón. Él estaba bregando pero todos sabíamos que estaba tomando, big time, y gastando toda la plata. Y, bueno, ya se murió y nunca pude hacer las paces con él. Él decidió que yo era maricón antes de que yo mismo lo supiera, y eso me indignó tanto que yo, sólo por joderlo, me afeminaba así, ¡paoo!, como Iris Chacón. Nos metíamos todos en la sala a ver el show de Iris Chacón, mi papá se quedaba mirando al patio, yo sabía que le daba asco verme así.

No me acuerdo de cuándo empezó todo, pero me dan flashes: desde que yo era pequeñito me acuerdo que me gustaba la daga, pero no tanto así como a algunas que son desesperadas. I don't have sex a lot. Soy virgen todavía y así quiero quedarme. Iba a gay clubs porque me gusta la fiesta, creo que no tenía nada que ver con el gayness. Nunca me he identificado como mujer, ¿you know? Yo no soy de aquellos varones que tienen una mujer atrapada dentro.

A mí me gusta ser varón y me gusta la pinga y no soy necesaria-
mente muy buena en ello. Hay unos que se la tragan o se sientan
en ella, but I can do without that, en serio. Mira, ya tengo 52 años
y realmente no he logrado mucho en mi vida. Pero todas estas
memorias—o casi todas—son fabulosas. Yo siempre trato de mirar
el vaso medio lleno.

Ahora, pensándolo bien, creo que mis padres ya sabían que yo
necesitaba gafas mucho antes de todo el alboroto en la escuela de
Brooklyn. Íbamos a la playa y yo cada fucking vez me perdía y ellos
le tenían que pagar a la boardwalk police para que me encont-
raran y siempre se arruinaban los paseos. ¡Es que mi padre no tenía
paciencia! Pleeeeah-eeese, what a douchebag, ese cabrón. Pero
amaba a mis sobrinas, a sus nietos, los amaba. Cuando volví a ver
una foto de él ya estaba bien viejo. Me contaron cómo pasó sus
últimos días y yo creo que hay una gran probabilidad de que me
pase lo mismo a mí. No lo soporto pero me parezco increíblemente a él en todo. Tengo este resentimiento porque mi hermano
pequeño era bien talentoso en deportes y todo eso, y yo siempre fui
como la cheerleader. Se burlaban de mí en Alejandrino porque yo
era el paperboy de Río Piedras.

Antes de Río Piedras, en Bayamón—que no es el área metropol-
itana y no hay transporte las 24 horas— me pasaba horas y horas
empaquetándome para salir; planchando mi camisita, dándome un
blowerazo, poniéndome los binoculares aquellos. Tenía un acne en
ese entonces that I just wasn't pretty. I mean, nunca me sentí guapo.
Mi hermano sí es bien guapo, pero a mí no me importa nada de esa
mierda, my mom loves me y creo que soy su favorito.

No todo el mundo es así pero yo sí: yo nunca salí del closet,
really, pero si tú pensaste que yo era maricón, ellos también se
debieron haber dado cuenta, ¿no? Soy parte de esos latinos que la
familia sabe pero no quieren saber. Tampoco ayuda que no esté
casado, pero nunca es tarde si la dicha es buena.

Me acuerdo que era tan terrible ir a estudiar a la universidad, que
era tan agobiante. Nos recogían unas vans que tocaba esperar hasta
que se llenaran. Hacía un calor tan horrible dentro que uno sentía
que se moría y ya quería andar, pero obviamente el conductor te
hacía pagar por los puestos que quedaban, y entonces yo terminaba
pagando el resto de los pasajes. Nosotros les decimos "guagüita"
porque eso son, guagüitas.

Después en la universidad fui parte de una directiva, so cuando teníamos bailes y fiestas patronales yo robaba dinero de la latita aquella de galletas. Fui a la universidad for Computer Science y no entendía un carajo. I mean, yo era bien inteligente para las matemáticas hasta que decidí estudiar Computer Science. Eso era cuando las computadoras eran del tamaño de este cuarto. Ay, pero si yo hubiese sabido, ¡vieja!, que iba a dar tanto dinero, me quedo en eso. So me salí, I dropped out, y me metí en un instituto de banking y me gradué con un certificado de Commercial Teller. He trabajado en muchos bancos pero nunca de teller, imagínate.

Y mi padre era tan tacaño que, cuando iba a la universidad, la mayoría de mi ropa yo la había robado de algún lado, mis espejuelos se habían roto y tenía que ponerles tape en las esquinas, y no hay foto mía en el anuario de high school because I wasn't having it.

Me devolví a New York y ahí viví con mi tío for a minute, pero era un alcohólico que en sus últimos días se mudó a Orocobis. Todos volvemos a Orocobis. Cuando volví a Nueva York recogí a alguien en Brooklyn y me mudé con él a Albany, New York, y viví lo que fue Studio 54 y un club llamado Stars, que quedaba en un penthouse y tenía una pirámide enorme. Leighton Beach en New York tenía la mejor música y los hombres más guapos. Al otro lado había otra playa con bares alrededor, y uno iba para allá y veía a esos maricones y little queens encueradas, sin traje de baño. Y yo pasaba pa' arriba y pa' bajo dándole paleta. Nunca he sido muy buena cruising, entonces era una pérdida de tiempo. Aún así me metía en los trenes en Nueva York, oh girl!, y en los muelles, a mirar. Again, recogí a otro chico y viví con él en un apartamento en Lexington Avenue. Antes de eso viví debajo del boardwalk en Nueva York. Hasta recientemente no me hubiese considerado un hustler, but I am: soy un fucking hustler. Nunca he estado en una relación seria y I have hustled my way around. Gay for pay, así fue como llegué acá a San Francisco con él en 1989, a East River Drive, que es como medio fancy. Él murió poco después.

Esa es la cosa; yo no sé si cojo a los pendejos, pero cuando me mudo con ellos empiezan a tratarme como si estuviéramos casados. Why is it different? So I say, Fuck it. Esa pegajosidad de querer singar todo el tiempo, ¿sabes?, and I'm not in the fucking mood.

Cuando él murió yo cogí vuelo solo, ¡pao!, y me fui a vivir en un estudio pequeño pero bello sobre Geary Street, en 535 Geary. Salía de fiesta todos los weekends al End Up y otros clubes, me conocía todas las discotecas y andaba en una moped. Eran clubes escandalosos. Tenía muchos amigos DJs y obviamente uno los sigue. De ahí me mudé a Bush Street, entre la Hyde y Leavenworth, y por un minutito viví ahí antes de que este guy se muriera. A mí siempre me han gustado los lugares sleazy y por eso jangueaba mucho en la Polk en The Giraffe.

La gente cree que porque uno es maricón le quiere mamar la pinga a todo el mundo, y puede ser que eso haya sido así en su momento, pero I'm not into that, yo soy medio rigid, really. A veces hasta he pensado que a mí me hicieron algo, que me pasó algo muy terrible cuando pequeño que por alguna razón he bloqueado, pero después me doy cuenta mirando por las ventanas a San Francisco— que es increíble arquitectónicamente—y digo: Qué importa. I'm blessed to have this, to be here. Estoy en rehab pero es un buen lugar para mí.

Pero nada como en Puerto Rico. Oh, god. Tú sabes, cuando tenía quince años yo salía a hitchhike, a echar dedo a ver quién me recogía. Una vez un hombre me llevó a la mitad de la nada, sacó una pistola, me la puso así en el cachete y lo que me salvó fue un angelito de la guarda que tengo de nacimiento. But, hijo de la gran puta, me robó todo y me dejó botada por allá. Caminando en la oscuridad total llegué a una casa con perros que se me iban detrás, y yo aterrorizado. Cuando me abrieron I gave them a soft sorry, les dije que me dieran chavo. ¿Tú has ido a Puerto Rico? Ay, niña, Puerto Rico es una maravilla. You know, San Francisco es preciosa, spectacularly beautiful, y uno nunca se cansa porque cuando cree que lo ha visto todo empiezan a salir cosas nuevas. Y siempre trabajando, mi trabajo y mi cristalito y mi marihuanita. Siempre un poco más discreto de lo que quisiera ser por culpa de muchos complejos, complejos that I'm working out con mi terapeuta.

Eventualmente viví en la 14th Street con Minna, en tremendo apartamento de dos cuartos. Me encantó vivir ahí pero me quedé sin trabajo una y otra vez. Trabajé en un hotel y después en California Pacific Medical Center (at the time Pacific Presbyterian) como operador de teléfono por trece años. Me gustaría hacer eso de nuevo aunque, on the other hand, uno necesita retarse constantemente o se le duerme el cerebro, ¿tú sabes? Pero nada, siempre con el party, party, party. La fiesta ha sido una gran parte de mi vida. Y cuando uno está high le da por singar, pero yo no soy tan ninfómana. Hay gente que se hace la paja tres veces al día, ¿you know? Y, bueno, Adelita llegó al loop de esto, del party, y se incorporó de una manera increíble. Yo nunca la vi hacer show ni nada, la conocí de varón. Dejamos de vernos por un tiempo, hasta que después nos encontramos caminando por Mission Street y ya: fue como montar bicicleta. Me encanta ir a su casa porque nadie me hace reír como esa mujer. Y a veces, si está Catherine, no puedo, me da asma, qué clase de lengua tienen. Yo amé haber vivido en el piso de abajo del edificio de Adela. Too bad que los vecinos nos hicieron la vida imposible, pero imagínate Adela a un lado y Tony en el otro, por tres años. Pero perdí el apartamento por cuestión del departamento de desempleo, que cuando creen que uno los está estafando lo cortan y te hacen pasar por un mar de cosas. Ellos me dejaron de pagar por seis meses, y ya el landlord no tenía paciencia y me botaron pa' la pinga. Mentira, la primera vez fui al Eviction Defense Collaborative y ellos le pagaron a la china, pero ya después me botaron. Vivir ahí fue lo mejor. I was doing stuff. Mi apartamento y el de Adela eran los más bonitos, aunque estoy seguro de que el de Adela es más espectacular.

Estuve homeless y luego en un shelter. Estaba bien deprimido, no sabía cómo get this started, empezar de nuevo. Entonces un día, pensando que tenía pulmonía, me fui a ver a un doctor a las cinco de la mañana. Yo tan simpático como siempre, tratando de hacerme el payaso con la enfermera, pero me veía horrible y le dije que estaba a punto de arrancarle la cabeza a alguien, de darle una puñalada a alguien, entonces ella salió corriendo del cuarto, regresó con el doctor y me dieron un 5150 por 72 horas. Sabes, si tú dices ciertas cosas ellos te cometen. De ahí me metieron a un programa de ADU, después a un sitio buenísimo, y finalmente a La Posada. En La Posada estuve en un programa para limpiarme, pero me calenté por estar fumando y jodiendo. Ahora por lo menos estoy más en control de mí mismo. Y no hay quien me pare; ya pa' lo que falta que venga el resto. He considerado mudarme de aquí porque es muy caro, y estoy cogiendo un training de Avatar para el departamento de salud pública. Y luego, quién sabe. Pronto tengo un hearing porque tengo disability por depresión, que me parece ridículo, porque ¿quién no sufre de depresión?

Antes de esto, en el 95, viví en la 8th Street con Howard y un día regalé todo y me fui a Puerto Rico, a Bayamón, donde mi hermanita. Allí lo que hice fue comer mierda mayormente. Ya nada era igual, las discotecas habían cambiado, la playa era distinta. Trabajé en hoteles mientras cogía un training para ser banquero otra vez, pero desistí, I quit. I quit stuff porque soy hipocondríaco. Pero tengo una buena sensación dentro de que a pesar de ser hipo-condríaco no voy a morirme pronto.

Pero cuando me tenga que ir de este apartamento, de este mar de madera, va a ser feo, lo voy a extrañar. Acá vivimos cinco personas, a veces seis. Este apartamento no estaría así si no fuera por mí, porque sabía que tu venías y pasé un mapito y limpié, siempre como un huracán.

Marlen Hernández

Nuevitas, Cuba

Fecha de Llegada: 1980

Marlen y yo nos conocimos por primera vez durante el Gay Pride del 2011 en San Francisco. Yo siempre camino con Instituto Familiar de la Raza durante el Gay Pride, me dice recordando, Pero no sé este año si pueda hacerlo, estoy cansada. Estamos en su apartamento en una vivienda del gobierno en el SOMA District; sus cinco perros y tres cachorros ladran, chillan y mastican sus huesos. En frente de su cama hay un estante con todas las alas y coronas que ha ganado en competencias durante estos últimos diez años: performance, lip-sync y competencias de talento, entre otras. Me cuenta que tiene una memoria terrible y que ha olvidado muchas cosas. Le pregunto si tiene algunas fotografías de ella durante los ochentas y noventas. No tengo nada de esa época. Ni siquiera la memoria, me dice sosteniendo a su perro más viejo, un chihuahua blanco y malhumorado. Marlen me dice que ella es un libro abierto, No tengo nada que esconder, mami, pregúntame lo que quieras. Migró desde Cuba luego de haber sido encarcelada por vestir ropa de mujer. En aquel tiempo Castro abrió el puerto Mariel y, entre abril y octubre de 1980 aproximadamente 120.000 personas, incluyendo a Marlen, se fueron de la isla.

A mí siempre me ha gustado la vida artística. Yo soy muy talentosa. Todo lo que es maquillaje, peluca, vestidos, a mí todo eso me encanta. Y era mejor en aquellos tiempos, era mucho mejor sobre todo para los latinos porque había más clubs. Solamente en la 16 teníamos como tres clubs para hacer show. Ahorita queda nada más Esta Noche. Y antes te pagaban mejor, los shows eran mucho mejores, había más talento, más vestuario, más glamour.

Aquí trabajé un tiempo con un grupo que se llamaban Las Yolandas, que eran puras cubanas. Hacíamos un espectáculo parecido a los del Tropicana de Cuba, de cabaret, o vamos a decir como el de Las Vegas, con opening y cierre, con plumas y todas esas cosas. Ahorita ya eso no existe mucho. El grupo duró como dos o tres años, y ya después se fueron yendo o muriendo las chicas. Y así.

Nací en Nuevitas, Camagüey. Nuevitas es un puerto de mar muy lindo, digamos como Veracruz, Acapulco. Cuando tenía seis años de edad me llevaron para La Habana y ahí me crié. En los 70, en Cuba, estuve presa por homosexual por andar maquillada en la calle porque, en aquel tiempo, no estaba permitido vestirse como yo me vestía. Entonces abrieron el puente de Mariel y me vine. No quería dejar a mi familia pero mi mamá fue a la cárcel y me dijo que me viniera a Estados Unidos, que yo no tenía ningún futuro en Cuba, que aquí podía tener algo mejor. La verdad es que durante los primeros días sí estuve en contacto con mi mamá y mi hermana, pero ya después perdí la comunicación y ya hace años que no sé nada de ellas. No sé si están vivas, ni si están muertas. Tengo otra hermana aquí, pero no me comunico con ella desde hace años.

Me vine en el Mariel en una lancha de motor de lujo que era de una familia. Menos mal, porque le tengo terror a los aviones. Dos veces me he montado en avión pero les tengo terror. No sé qué será. Y ahora, con lo que le acaba de pasar a la Jenni Rivera, más todavía. La Jenni Rivera, mami, el avión donde venía se cayó y se mató ella con todos los que venían dentro.

Llegué en 1980 al fuerte McCoy de Wisconsin. Me patrocinaron dos americanos gay que eran dueños de una cadena de peluquerías en Minneapolis, Minnesota. Estuve dos años viviendo con ellos. No hablaba inglés cuando llegué, y ahora lo poquito que sé lo aprendí en la calle y por la televisión, pero no lo hablo bien ni lo entiendo mucho. Mis patrocinadores me pusieron en una escuela de inglés y en una de peluquería. Estuve yendo dos años, obligada, pero iba nada más que para mirar a los hombres. Me gradué como cosmetóloga y como peluquera pero trabajé muy poco tiempo en eso. En realidad aprendí todo eso para mí. Nunca he vuelto a saber de mis patrocinadores desde que los dejé de ver en el 82 cuando me reclamó mi hermano y me fui para New York, donde estuve seis meses, pero no me gustó. Luego viví tres años en Chicago, después en Los Ángeles, y de Los Ángeles me vine para San Francisco, donde ya tengo más de 24 años viviendo. No sé en qué año llegué exactamente, pero creo que fue en el 85 o en el 86, y ya de mujer. Desde chiquitita fui muy femenina. Cuando tenía cinco o seis años recuerdo que venían los Reyes Magos con los juguetes, y yo peleaba porque a mí me ponían carritos y aviones y a mis hermanas muñecas. Me fajaba con mis hermanas por las muñecas. Cuando llegué a Estados Unidos hice rápidamente la transición a mujer. Empecé a tomar hormonas y a vestirme a diario. Mi vida ha sido de muchos fracasos, pero también de muchos triunfos.

Llegue a San Francisco y no tuve ningún tipo de ayuda. Me puse a vender droga, a prostituirme, a hacer show; robaba ropa de show en las tiendas y se la vendía a las muchachas. Siempre tuve que hacer esas cosas para sobrevivir. En realidad no conocía a nadie, pero habían varios cubanos por ahí y empecé a meterme en la cosa, hasta que me pude meter a hacer show en un club de americanos. No me acuerdo cómo se llamaba. Ya no existe pero recuerdo que quedaba en el Tenderloin. Ahí conocí a una persona de la comunidad latina—ya está muerta pero que fue muy famosa—, no sé si tú la conociste: Rony Salazar. Ella vio mi talento y me dijo: Tú no eres para estar aquí, te voy a llevar al Esta Noche. Yo no conocía el lugar, pero la Rony me llevó a un concurso de talento y lo gané.

Luego empecé a trabajar en La India Bonita, donde me encontré con Adela y con muchas chicas ya muertas. Estuve mucho tiempo trabajando con las cubanas en la India Bonita. Después agarré mi propio show y me fui para el Limelight. Ahí empezaron los problemas, la envidia de que tú, de que la mejor, de que esto. Hacía a Isabel Pantoja, Rocío Durcal, Rocío Jurado, Pepita Valecio. No tengo fotos de ese tiempo. Tengo fotos actuales, pero de ese tiempo no tengo nada, ni siquiera el recuerdo.

Después de trabajar en el Limón Verde, donde tuve mi propio grupo con chicas cubanas y no cubanas, volví a Esta Noche y ahí tuve como tres días míos de puro show con chicas mexicanas. Todo el tiempo me dediqué a hacer espectáculo y todavía lo estoy haciendo. Siempre estuvieron en mí esas ganas del espectáculo. En Cuba yo veía la cantidad de mujeres en mi casa y me ponía delante del espejo a imitar las canciones de la radio, así como ellas. Siempre eso estuvo en mi mente, siempre me gustó vestirme pero aquí fue donde lo pude desarrollar. Esto es un país libre, aquí tú puedes hacer lo que tú quieras.

Después me retiré un tiempo de ese mundo: caí en la droga, caí en la prostitución, caí en muchas cosas malas. Luego estuve mucho tiempo quitada de todo eso. Mucho tiempo.

En eso, conocí al muchacho que me picó la cara. Sus padres tienen negocios de fábricas de ropa, aquí en San Francisco. Él me sacó de ese mundo y me puso en un apartamento, después me puso una casa y estuve viviendo con él como siete años, pero esa no era mi vida. Yo no me sentía a gusto porque lo mío era hacer show, pero como él me mantenía yo tenía que hacer lo que él quisiera. Por esa razón un día tuvimos un problema muy grande y yo le fui arriba y le di, y ahí fue cuando él me picó la cara, con un cuchillo me rajó el cachete; todavía tengo la cicatriz. Yo lo dejé y me metí otra vez en los shows, y el mundo del show significa prostitución y droga, aunque la gente diga que no. Yo lo veo así, ¿me entiende? Yo soy muy abierta, yo digo mi vida. Y se me fue el hilo…

Salí de la casa de este hombre y me fui para la calle. Estuve homeless un tiempo, hasta que caí presa porque me agarró Inmigración y mis papeles estaban vencidos. Estuve ocho meses presa. Después Inmigración me mandó para Chico, California, a una casa inmensa donde estuve cinco años. Ahí me arreglaron los papeles y mi disability, pero yo no aguantaba aquel campo, era un rancho con muchos cubanos—yo era la única transgender y tenía mi cuarto para mí sola—, como una casa hecha para cubanos con problemas de inmigración. Yo era la encargada de cuidar los animalitos chiquitos como gatos, perros, pajaritos y pescaditos. Por eso me pagaban y me metían el dinero en una cuenta. Cuando cumplí el período el director del programa tenía otro rancho y me dijo que si quería ir para allá a cuidar su casa. Entonces en la parte de atrás del rancho del director me hicieron una cabaña con cocina y todo. Yo vivía gratis y él me pagaba por cuidar los animales. Me regaló dos perritos, llegué a tener hasta diez perros en aquel rancho. Luego salí de ahí, me vine para San Francisco y volví a caer. Me vine con muchas joyas de oro y una cantidad horrible de dinero—porque yo ahorraba—, te estoy hablando como de diez mil, quince mil dólares. Y volví a caer bien fuerte en las drogas.

Volví a caer presa, me metieron en un programa, pero yo me escapaba de los programas. Hasta que un día decidí irme con una amiga a Daly City, donde alquilamos una casa frente al cementerio. Ahí empecé a arreglar otra vez lo de mi disability, y ya después me vine para San Francisco. Estuve ocho meses en un shelter para homeless que me consiguió este apartamento, donde vivo desde hace cuatro años.

Me he quedado en esta ciudad porque aquí hay más ayuda para nosotras y pienso que hay menos discriminación. Hay más programas para chicas transgender, más grupos, más ayuda, más de todo. Creo que antes era más fácil conseguir las hormonas porque el Medi-Cal te lo cubría. Ahora está muy difícil. A mí me las dan, a mí me cubre mis hormonas pero no a todas las chicas. En los 80 el Medicare cubría todo menos la operación de abajo; ahora sí te cubre la operación de abajo pero no te cubre más nada. Igual me siento mejor aquí y me gusta más el clima. El clima es neutral, de momento está frío y de momento está caliente. ¡Ayyy, mi vida, en Chicago el calor *es* calor! Peor que el de Cuba, como pa' andar encuerá por la calle, y con el frío hay que salir vestida como momia porque se te puede caer hasta la nariz. Solo tengo como cuatro personas muy cercanas a mí: La Mitzy, que es mi mejor amiga—anoche fuimos a trabajar a San Leandro, ella es la persona más cercana que tengo—, la Rubia Chávez y otra muchacha que trabaja en la calle, que se llama Bárbara y es nicaragüense. También una que se llama Laura y le dicen La Perra.

Ahorita estoy volviendo a empezar pero tranquilita. Aquí me la paso, casi no salgo. Arreglo pelucas, miro mi televisión, oigo música, cuido a mis perros. Los vestidos los compro. A veces me mando hacer vestidos, pero no siempre. Soy una persona muy presumida.

Carlos Sayán Wong

Lima, Perú

Fecha de Llegada: 1991

Carlos es el único testimoniante que no vive en San Francisco. Voló desde Los Ángeles para verme en un café en la Misión, cerca de la dieciséis con Valencia. Este es nuestro primer encuentro. Aún así, entra rápidamente en la conversación, bebiendo su café negro. Nos conectamos compartiendo nuestras raíces suramericanas, y en poco tiempo Carlos ahonda en su historia. Mientras me cuenta sobre el tiempo que pasó en la iglesia Cristiana tratando de reprimir su homosexualidad, agrega: Cuando leí tu post en Facebook, pensé que era una señal. Vi la oportunidad de hablar contigo como una oportunidad para sanar, para cerrar un capítulo.

Carlos es originalmente de Lima. Llegó a Los Ángeles en 1991 con el pretexto de estudiar inglés, pero en el fondo sabía que buscaba su liberación. Al hablar de su madre él a veces sonríe, a veces sacude la cabeza o—cuando recuerda la carta que le escribió contándole sobre su homosexualidad—se pierde en su pensamiento, mirando el techo. Luego de partir me envía fotografías por email. En una de ellas un joven, escuálido y chino-peruano, le sonríe débilmente a la cámara en el día de su grado, su madre tomándole por el brazo.

Me vine a Los Ángeles para practicar el inglés, pero también porque quería liberarme. En Perú estaba en el armario y no salí hasta nueve años después de haberme ido. Mis puntos de referencia gay eran los chicos de Lima y algunos de la provincia; todos querían ser chicas y eran peluqueros, peluqueras. Yo sabía que era diferente pero nunca me identifiqué con ellos.

Nací en Lima el 24 de enero de 1970 pero viví en Barranca, una ciudad de la costa, a tres horas de la capital. Siempre dependimos de Lima y teníamos que ir allá para todo: el médico, el dentista, y a los 16, cuando acabé la secundaria, me fui Lima para entrar en la universidad. El kinder en Barranca era mixto pero la primaria era sólo de varones. Un día, todavía en la primaria, nos sentamos seis amigos en una mesita, teníamos como ocho, nueve años, y un par de ellos empezó a hablar de masturbación, y yo, ¿Qué es eso? Ese día se me abrió la mente. Me empezó la fascinación, la curiosidad y comencé a tener una idea del morbo. En cierta forma me enamoré de uno de mis compañeros de clase.

Barranca es la capital de la provincia, donde están todos los negocios, y por eso toda la gente del campo viene. Tenemos playa y montañas. En ese entonces yo no pensaba que la gente era esto o lo otro, todos éramos una sola cosa: Heterosexuales. Aunque recuerdo escuchar, El marica esto, El maricón lo otro... En la primaria y parte de la secundaria fui a una escuela pública y luego terminé en una escuela católica privada. No estuve en el grupo de los "it" pero de cierta forma siempre pertenecí, aunque me viera como el patito feo. Jugaba de todo, estuve en el equipo de basquetbol y me fascinaba el volleyball, que lo veía como algo normal pero después me di cuenta de que sólo las mujeres o los maricones lo jugaban.

Mis padres se divorciaron cuando yo tenía seis años; yo soy el mayor de cuatro varones. Mi mamá tenía una cafetería en donde nos visitaban muchas amistades. Entre ellas yo veía que siempre llegaba un hombre, un buen amigo de nosotros, que al final se convirtió en nuestro padrastro y el segundo esposo de mi mamá. Fue una cosa bien chocante porque nunca lo aceptamos y siempre se lo reprochamos a mi mamá: ¿Por qué tuviste que casarte?, y ella decía: Algún día lo entenderán. Mi manera de afrontar este cambio fue convertir la escuela en mi refugio. Fui el estudiante A, siempre el segundo de mi clase. Mientras tanto mi hermano fue el rebelde, la oveja negra que se metía en líos. Pero yo siempre miré hacia afuera porque me sentía diferente; tenía ganas de salir de ahí, de huir de ese entorno, de liberarme.

Traté de venir a visitar a mi tío—el hermano de mi mamá—, que vive en Los Ángeles, pero mi mamá me decía: No, espérate hasta que acabes la secundaria. Antes de acabar la secundaria pregunté de nuevo y mi mamá me dijo: Todavía no; tienes que ir a la universidad. En Lima, para ingresar a la universidad, te tienes que postular, tienes que estudiar, prepararte y dar el examen de ingreso. Yo quería estudiar arquitectura pero mi mamá me dijo: ¿No sería mejor que seas farmacéutico?, y yo le respondí: ¿Por qué no vas tú entonces a la universidad?

Años después ella me confesó: Sí, yo más o menos sabía que eras gay. Yo no empecé a salir del clóset hasta el 99, y en el 2002 le escribí una carta a mi mamá, una confesión en la que les agradecía por todo lo que habían hecho. A la semana siguiente, un sábado como hoy, ocho de la mañana, el teléfono timbra, lo levanto y es ella que me dice: Walter y yo recibimos tu carta y queremos decirte que lo que te haga feliz nos hace feliz. Pero todavía escuché ese tono de inseguridad, de duda, pero pensé: Bueno, ya es un comienzo. Tomó un año para que ella viniera a visitarme a Los Ángeles.

Antes de entrar a la universidad me inscribí en la Pre Lima, donde hice varias amistades como Carsi y Willie. De Carsi siempre sospeché que era gay y de Willie también. Nunca hablamos como, ¿Oh, eres gay?, pero siempre había algo, el radar estaba funcionando. Willie era un punk rocker, súper metido en la escena del New Wave de Inglaterra y toda la música dark. En ese entonces yo era un vanilla total, y de la noche a la mañana me fui metiendo porque me encantó esa música. Toda la música venida de Argentina, de Chile... Entonces poco a poco empecé a salir con ellos a un par de discotecas, discotecas subterráneas de punk y New Wave. Todos eran supuestamente héteros hasta que una vez empecé a notar que era curioso que fueran todos varones. Yo sabía de unos sin que me lo dijeran, unos que actuaban más afeminados. Yo estaba fascinado con algunos de ellos pero tenía temor de decirlo. De repente una vez, después de estar en la discoteca Nirvana en Miraflores, terminamos en otra discoteca gay y ahí fue la primera vez que vi a dos de ellos besándose. Esto fue en el 87. Al comienzo fue un poco chocante: íbamos a tomar, el bar gay era todo oscuro, y de repente se empiezan—como decimos allí—a chapar, a darse besos, y yo me sonrojé. Después pensé: Ya, es cool. Pero estaba tan reprimido y era tanto el temor... Yo dependía de mis padres, sobre todo de mi madre, que siempre fue la mamá y el papá. Mi madre era devota aunque nunca fue de golpearse el pecho.

Los ochenta fueron una etapa muy difícil, no solamente en Perú sino en otras partes de Latinoamérica también. De mal en peor; todo el mundo se quería ir del país. Había atentados terroristas, empezó todo en la Sierra y poco a poco el Sendero Luminoso fue acercándose a Lima. Secuestraban a mucha gente, había muchos coches bomba en el medio de la noche. Una vez, después de la media noche, como las dos de la madrugada, pusieron un coche bomba a unas cuadras de donde yo vivía, donde quedaba el Museo de Oro. Fue una cosa alucinante. Saber que cualquier día no ibas a poder regresar a casa era como vivir en un estado de ansiedad todo el tiempo. En ese entonces yo fumaba como chimenea y tomaba café y en un momento dado pensé que me iba a dar un ataque.

Justo antes de empezar la escuela estaba tomando un curso de verano, y un día venía caminando por la calle para tomar el autobús cuando me atracaron y me quitaron todo. Había comprado pinturas para un curso de serigrafía y me quedé sin nada. Primero el tipo me mostró un cuchillo y después me dijo: Tengo aquí una pistola, ni se te ocurra. En plena avenida, con gente pasando y todo. Yo no hice nada. Siempre fui pasivo, sensible, y de chiquito por todo lloraba.

En Lima vivía con mi abuela, la mamá de mi mamá. Mi abuela me cocinaba, me engreía, pero teníamos una relación de amor y odio porque ella es bien jodida y yo tenía que respetar su casa. Pero a veces era demasiado… Mi enfoque era la escuela, la escuela y la escuela. Por ahí de vez en cuando nos íbamos de parranda a chuzar y a fumar. A veces me imaginaba teniendo una relación pero nunca me atreví, nunca tuve los huevos para abrirme, confesarme o declararle mi amor a nadie. Tuve un par de novias y a la última, antes de venirme, le dije: Me voy a Los Ángeles por un año pero no sé si vuelva.

En el 89 fui a sacarme la visa en el consulado americano para visitar a mi tío y me la negaron. Yo, histérico, dije: País de mierda. El cónsul me dijo, así muy arrogante: Por qué mejor no terminas tu escuela, consigues trabajo y entonces te damos una visa.

Yo vengo de una familia de inmigrantes. Tanto por mi mamá como por el lado de mi papá somos parte chinos. Más por mi mamá, aunque ambos son peruanos. El papá de mi mamá es cien por ciento chino, de Cantón. La mamá era mitad peruana, mitad china. El papá de mi abuela vino, igual que mi abuelo, de la China, de la misma región. Por parte de mi papá no sé mucho pero sé que mi bisabuelo era del norte de la China, lo que era Pekín. Por parte de mi papá, la familia de los Sayán ha estado más tiempo en Perú que la familia de mi mamá.

Siempre vi a mis abuelos como una inspiración. Si ellos emigraron, ¿por qué yo no? Mi abuelo vino a los trece años, imagínate, y tenía todavía un acento chino bien fuerte. Tú lo veías y se veía chino-chino, pero era el más peruano.

Cuando me niegan la visa se me prende el foco: a través del consulado americano se podían buscar becas de una biblioteca pública. Me puse las pilas, busqué, y encontré como cinco lugares donde estudiar y donde aplicar a becas. Al final me vine a Los Ángeles con visa de estudiante, todo el tiempo pensando que me iba a quedar solamente por un año.

Los tres últimos años que estuve en Lima iba cada dos fines de semana a la provincia a visitar a mi familia. Después iba una vez al mes, poco a poco una vez cada dos meses, y cada vez me iba alejando más. Estando en Lima yo detestaba la provincia. Tuve una infancia feliz, pero también estaba muy reprimido, todo era muy cuadriculado, era un cosmos muy micro y se iba achicando cada vez más. En la provincia tienes que estudiar, después casarte, tener hijos y quedarte viviendo ahí. Pero esos no eran mis planes.

Me dolió mucho la ida, lloré mucho, cada despedida era un lloriqueo. Yo supuestamente me venía por un año, pero dentro de mí algo me decía que yo no iba a regresar. Era una pena, un dolor. A los dos meses de haberme ido estalló la bomba de tiempo en Perú. Todo se puso peor, hubo más atentados. En junio del 92 hubo un carro bomba muy fuerte en el distrito donde yo estudiaba, que ha sido comparado con el atentado en Oklahoma.

Llegué a Los Ángeles en 1991, a casa de mi tío que está casado con una señora de México. Justo antes de venir me atreví a comprar una revista Playgirl en un kiosco y me la traje en la maleta. Fue una cosa alucinante, una conexión con ese mundo de fantasía. Yo estaba que me moría en el aeropuerto. Me abrieron la maleta para revisar pero yo la había escondido muy bien porque me daba mucha vergüenza. Además venía con mi mamá.

Mi tío y su esposa tenían una dinámica media extraña, eran súper negativos. Me había ido para Los Ángeles porque allá vivía mi tío y al llegar me di cuenta de que la universidad estaba al otro lado de la ciudad y que mi tío vivía en el culo del mundo. Así que tenía que tomar dos autobuses para ir a la universidad; dos de ida y dos de venida. Salía en la mañanísima antes de que saliera el sol y llegaba cuando el sol se ocultaba. Mi tío tenía dos niños pequeños y a veces era un infierno estar ahí, con mi tío y la esposa discutiendo todo el día y los niños gritando. La escuela fue un refugio, un despertar, porque fue mi primera conexión con el mundo entero. Me encantó

Los Ángeles porque tenía amigos de todas partes del mundo, sobre todo de Sudamérica.

Recién empecé a salir del clóset a finales del 98 y a comienzos del 99 decidí responder un ad en el periódico, esos ads cortísimos con un número de teléfono para llamar. Sólo intercambiamos números y ya. Luego terminé yendo a la casa de un tipo casado, un poco mayor. Era un italiano, un romano, muy simpático y guapo. Con él tuve mi primera experiencia.

Pero antes de eso, cuando pasó el atentado en Lima, dije, Bueno, yo de aquí no me voy; por más que me duela voy a continuar mis clases aquí. Comencé en un community college que me recomendaron, porque yo quería ir a una escuela de diseño y me dijeron que empezara por ahí para poder crear mi portafolio. Allí conocí más gente. Me sentía bien, pero a veces me daba un alta así y de repente me venía un bajón. Yo había dejado de creer en Dios. Toda mi vida estuve metido de alguna forma en la religión católica, hasta que dije: Voy a tomar un descanso, Diosito, y voy a vivir mi vida por mi cuenta. Pero en el 94 me sentía muy solo, y conocí gente de una iglesia cristiana que me cayó tan bien… Hacía un par de noches había salido con mi amiga Roberta y con un amigo de ella, un chico que era gay y que vivía con su pareja. Terminamos todos en una discoteca gay bailando y a mí me picaba y me picaba la curiosidad. Cuando conocí a la gente cristiana pensé: Esto va a ser una buena herramienta para ayudarme a combatir estos pensamientos.

Yo creía que era malo, que era erróneo lo que yo sentía.

Empecé a ir a la iglesia con ellos. Antes de convertirme en miembro tuve que estudiar la Biblia y al final me bauticé como cristiano. Al comienzo todo iba muy bien. Fui a citas, íbamos a citas en grupo para que no hubiera tentación, obviamente de hombres con mujeres. Cuando confesé que tenía pensamientos con hombres me dijeron que Dios me iba a ayudar. Y sí, por un tiempo me ayudó. Estuve en la iglesia como seis años pero durante los dos últimos años me sentía tan mal que empecé a dudar de todo. Antes de terminar la escuela comencé a abrir los ojos. Me sentía tan mal conmigo mismo que por primera vez en mi vida tuve pensamientos de suicidio. Me estaba autodestruyendo.

Por un lado quería salir del armario, ser quien soy, y por otro lado me estaba engañando en la iglesia. Hasta que no aguanté más y una noche, desesperado, sentado en el piso de mi cuarto, me arrodillé y empecé a llorar, empecé a gritar: ¡Pero, Dios, si tú quieres que yo sea feliz! ¿Por qué, si estás aquí para ayudarme, me siento así? Al final llegué a la conclusión de que tenía que ser honesto conmigo mismo. Esa noche cambió todo. Fui a la discoteca gay donde me habían llevado mis amigos cuando acababa de llegar a la ciudad y después respondí el ad del italiano. Era el comienzo del 99. Sentí que me había quitado un peso de encima, me sentí más ligero, sin esa pesadez en los hombros. Era una cosa que no sé cómo explicar... pero fue un renacer.

Yo vivía con roommates que eran gente de la iglesia. Lo hacían para mantenerte ahí, lavarte el cerebro y no dejarte ir. Pero yo me largué, me mudé con un amigo peruano.

Cuando respondí el ad una amiga me tuvo que prestar el carro porque el lugar quedaba en Hollywood Hills y me iba a demorar mucho en autobús. Era en una zona muy chic y el italiano vivía prácticamente en una mansión. Mientras iba para allá estaba súper nervioso, pero después se me fue pasando. Llegué, nos presentamos y me hizo pasar, invitándome a la sala donde ya él tenía todo preparado. Había una manta en el piso para acostarnos, para jugar; sólo íbamos a besarnos y tocarnos. Yo no sabía qué iba a pasar, pero había visto películas y no veía la hora de chuparme una verga. Y de repente se dio. El tipo me hizo el comentario: Wow, eres bien natural, y le digo, Es mi primera vez, nunca lo he hecho, pero creo que lo he estado practicando mentalmente. Él estaba casado y, para mantener las apariencias, era un poco frío. Yo me dije: En algún momento conoceré a alguien, pero por ahora lo primero es tener algo sexual.

No fui más a la iglesia. Intentaron convencerme de nuevo. Los que eran supuestamente mis amigos—un par de ellos líderes—me dijeron: Te vas a ir al infierno. Uno de ellos me dio a elegir entre mi amistad con él y la iglesia, o ser quien soy. Y le dije: Si va a ser así, si me vas a poner una condición, prefiero no tener tu amistad.

Al poco tiempo me puse en contacto con el Centro de Gays y Lesbianas de Los Ángeles, que está en Hollywood, y empecé a ir a unas charlas de coming out men. Conocí a alguien y empecé a salir con esta persona por un tiempo. Fue mi primer chico. Después de pasar un Thanksgiving y una Navidad con él y su familia, me di cuenta de que no era para mí. Él era un poco mayor y estaba listo para tener una relación, pero yo recién empezaba. Nunca más lo volví a ver. Pero mientras estaba saliendo con él, la primera persona a quien le conté fue mi amiga Claudia, de México, y fue tan positiva la reacción que luego le conté también a Jean Pierre, un amigo peruano, y poco a poco le fui contando a otras amistades. Cada respuesta era tan positiva; eso me ayudó a vivir.

Empecé a leer Out Magazine y después, cuando comencé con el online dating, conocí a este chico mayor, el primero, y poco a poco fui conociendo más gente. Todo es como nubloso porque siento que fue como otra vida, como si hubiera pasado hace un siglo. Fui a las charlas apenas seis meses y eso me bastó para armarme de coraje y explorar el mundo.

Pero algo me decía que tenía que tomarme el tiempo de hablar con mi mamá. Siempre fuimos buenos amigos y pensé que esto la iba a herir. Me tomó dos años armarme de coraje y escribirle. Eran como tres páginas. Fui con rodeos, pero finalmente le dije que siempre había querido contarle esto pero nunca había tenido el coraje de hacerlo, que nada ha cambiado y que lo único diferente es que ahora me estaba autovalorando, me estaba honrando a mí mismo. También le conté que los pensamientos de suicidio me habían llevado a confesar, que yo siempre me había querido a mí mismo pero me asusté porque nunca pensé que iba a llegar a ese punto. Entonces me llama y lo primero que me dice es: Walter y yo recibimos tu carta hace unos días. Ya la leímos y solamente queremos decirte que lo que te hace feliz nos hace feliz. Escuché esas palabras y rompí en llanto. Mi mamá muy serena. La conversación fue muy corta y muy al grano y ya. Con mi mamá hablábamos de todo. En la secundaria, cuando llegó el momento de hablar de sexo, ella nos habló de sexo: Tienen que usar condón. Para otras cosas ella quería guardar cierta imagen, pero con eso ella siempre fue bien abierta, bien forward thinking.

Mi madre es como la alcaldesa de Barranca, ayuda a todo el mundo. Eso lo heredó de mi abuelo y mi abuela y yo lo he heredado de ellos. Aunque a veces me he cuestionado, ¿Por qué mierdas no nací con un corazón de piedra?

Estuve desconectado de Perú por mucho tiempo. Como a los tres años después de venir tuve que pedir permisos de trabajo. Irónicamente, me pude quedar acá por todo el terrorismo que había en Perú. Mi mamá tuvo que escribir una carta, mandarme recortes de periódico de lo que pasaba allá, cartas de amenazas que les habían mandado a ellos. Y así apelé para que me dieran permiso para quedarme, como un asilo pero no era un asilo. Pensé que al salir del armario iba a ver el cielo y todo iba a ser color de rosa. Cuando vi que estabas entrevistando gente para este proyecto me pareció que era una señal; vi esta oportunidad de hablar contigo como una oportunidad de sanarme, de cerrar un capítulo. A pesar de haber salido del clóset hace años a veces siento que todavía me hago autosabotaje, sobre todo por el hecho de no haber encontrado pareja.

En Perú, después del matrimonio de mi madre con mi padrastro, viví en una encrucijada. Nunca faltó una de mis tías o de mis tíos diciendo: Pobrecito tú, que no tienes padre. Porque mi mamá hizo un trabajo maestro en hacerme creer que mi padre era un monstruo. Yo a él lo conocí, pero los recuerdos que tenía eran de cuando yo tenía seis años; imágenes muy idílicas, viajando con él en el carro, y también recordaba fotos en las que aparecía cargándonos. Pero cuando mi mamá se divorció de mi papá sólo nos decía que él era un mujeriego, un irresponsable, que nunca aportó como padre... Yo siempre pensé, No quiero casarme, no quiero tener hijos. Pero la vida me cambió, y en el 2006 se me presentó la oportunidad de ser padre. Una buena amiga mía, una artista alemana, me preguntó si yo alguna vez había pensado en ser padre. Yo le dije que no pensaba quedarme en los Los Ángeles y que tal vez algún día, cuando me mudara a otro lugar y me estableciera y tuviera una pareja, me gustaría la idea. Ella me dijo que estaba a punto de cumplir los cuarenta y no quería que la dejara el tren, que quería ser madre. Me había elegido como candidato para que yo fuera el padre de su hijo o de su hija. Le dije que sí. Al año siguiente, cuando regresó de Alemania, fuimos a una clínica. Hoy soy padre biológico de dos mellizas que van a cumplir siete años en noviembre. Ellas viven con Corina en Alemania. Soy padre a medio tiempo, y no somos pareja pero tenemos una buena relación. Las niñas saben quién es papá.

Mahogany Sánchez

Managua, Nicaragua

Fecha de Llegada: 1973

Este es nuestro primer encuentro. Mahogany me pide que la espere en el Walgreens de la 16 y Misión; dice que lleva una camiseta blanca y el pelo café hasta los hombros. Cuando aparece caminamos a una cafetería cerca de la Valencia, donde pedimos jugo de remolacha. Adela la conoce de hace décadas, son viejas amigas. Ella le mencionó el proyecto de testimonios, Mahogany estaba interesada y me pidió llamarle.

Nos sentamos en sillas rojas de plástico. Todos quienes nos rodean hablan español, así que ella mantiene una voz baja, sonriendo a quienes pasan en alguno que otro momento: Crecí aquí, justo aquí en la Misión, así que conozco a mucha gente. Mi mamá también vive aquí, ella es de Managua pero nunca hemos vuelto. Mi familia entera se fue. No nos queda nadie allí, nadie. Cuando recuerda la casa de su abuela en Managua, cercana al océano, sonríe y suspira. Luego recuerda a Rony Salazar, su mejor amigo, quien murió durante el comienzo de la epidemia. Se deja llevar por su narración, pero se le aguan los ojos y rápidamente sigue a la siguiente historia.

Cuando yo era pequeña vivíamos cerca del mar, mi abuelo era alcohólico y mi abuela tenía una tienda de comida. Era una tienda pequeñita donde vendíamos arroz, frijoles y tortillas, y yo era la encargada de los mandados a pie. Mi abuela en ese tiempo estaba muy bien económicamente, tenía una casa enorme con venados, corocoras y loras en el patio.

Cuando mi mama se casó con un panameño nos fuimos a vivir a Panamá porque la mamá de mi papa quería conocer a sus nietos. En Panamá todo fue bien rápido, no duramos mucho tiempo, porque mi papa y mi mama se querían venir a Estados Unidos a formar su vida. Yo nací el 18 de diciembre del 66 en Managua y vine a San Francisco en 1973, en avión, cuando tenía siete años. Mi mama tenía una visa de estudiante. En ese tiempo eran muy diferentes las cosas. Ahora ir al aeropuerto es algo traumático y problemático, pero en ese tiempo era más libre.

Me crié en la Misión. Cuando nos inscribieron en la escuela yo no sabía nada, ni el idioma, y para mí la escuela fue algo traumático. Experimenté lo que se llama ahora "bullying", porque era bien tímida, callada, apartada, y eso no le agradaba a los otros niños que me miraban como rara, como un bicho raro. Mi hermano me defendía y aún así en el recreo los niños me molestaban, me perseguían, tiraban huevos a mi casa y yo no sabía por qué. Desde chiquita me identifico con mi lado femenino y me imagino que era raro para los niños que yo tuviera ese comportamiento. Para Christmas mi papa nos compraba pistolas pero a mí eso no me llamaba la atención. Yo me quedaba en casa con mi mama haciendo los quehaceres. Mis hermanos salían, jugaban con sus amigos, y a mí me tocaba esconder muñecas debajo de la cama. Sacaba las muñecas a escondidas cuando no estaba mi mama ni mi papa en la casa. Con mis vecinas intercambiaba lo que ellas quisieran por una muñeca y ya tenía tremenda colección, hasta que un día mis padres las encontraron y me dieron una tremenda paliza. Luego vinieron muchas palizas más.

A los nueve, diez, once años, comienzo a dejarme crecer el pelo. Mi cuerpo comienza a amoldarse en una forma no tan masculina; hasta me dolían los senos. Creo que yo lo hacía mentalmente porque deseaba formarme bien femenina. Por televisión miraba a la Mujer Maravilla, las Charlie's Angels, Bewitched, que eran mujeres bellas y fuertes de carácter. En mi cabeza esa era mi fantasía. Yo era una heroína, daba vueltas como la mujer maravilla y me convertía en ella. En Halloween quería vestirme de heroína pero yo sabía que eso me iba a traer demasiados problemas. Sentía algo diferente en mí, no sabía qué era pero se manifestaba en mi casa, con mi mama, con mi papa y con toda la gente a mi alrededor. En la escuela, por ejemplo, las maestras le decían a mis padres: La Mahogany está comportándose rara aquí, porque yo me pintaba las uñas color clear, sin color, pero me gustaba que brillaran, o a veces me ponía pintura de labios, sin color, un poquito de rubor pero bien bajo para que no se notara y ya llegando a la casa me lo quitaba.

Todo esto me trajo problemas con mi papa, que no es mi papá porque él no se ganó el derecho aunque igual lo llamo así. El machista me daba paliza, tras paliza, tras paliza, cada vez que me encontraba con algo femenino. Cuando ya me estaba dejando crecer el pelo mi papa me lo rapaba todo y me tocaba ir pelona a la escuela. Después me compraba ropa bien masculina: camisetas, jeans y unas combat boots bien feas que no me gustaban. En ese tiempo no tenía pelos faciales y me miraba como una niña. Creo que entre los nueve y los doce años el varón puede pasar como hembra porque no se ha desarrollado completamente, y yo parecía una niña vestida de varón. Esto era en los setenta, cuando San Francisco era heterosexual, o cuando por lo menos yo no miraba esas cosas en la ciudad y no sabía nada del mundo gay.

A los quince años, en junior high school, ya me identificaba un poco más con mi identidad. Me vestía bien femenina, aunque mi papa seguía con las palizas y mi mama no entendía por qué yo era como era. Siempre tuve amigas y nunca jangueaba con varones. Mis amigas me apoyaban, me defendían de los cholos y los pachucos de la escuela; eran cholas auténticas. Yo pensaba que eran derechas pero me di cuenta cuando salimos de high school que había unas lesbianas que lo tenían oculto. Y yo, sin saberlo, ya estaba fuera del clóset. Cuando usaba los baños de las mujeres llamaban a mis padres de la escuela y mi papa le decía a mi mama: Andá a arreglar esa situación, ¿por qué la Mahogany está usando el gimnasio de las mujeres cuando se cambia? ¿Por qué toma clases de gimnasia y de baile y no le gustan las clases de fútbol?

Eso no se miraba en ese tiempo. Ahora sí hay lugares para transgéneros. Digo yo, wow, estaba abriendo caminos sin saberlo, simplemente siendo yo y aunque nadie me entendía peleaba por mis derechos sin saber qué era lo que yo iba a terminar siendo.

Recuerdo un día en que mi mama me sentó en la sala y me dijo: Mahogany, no me importa si tú eres gay o si tú tienes un novio. Ella quería todo callado, que nadie lo supiera. Yo le dije: Mama, yo no soy gay, yo soy hembra, y ella no entendía. Había mucha ignorancia en mi casa—e incluso en mí—sobre ese tema. Yo no sabía que podía tomar medicamentos para desarrollar y mejorar el lado femenino que tenía dentro.

Saliendo de la high school comienzo mi tratamiento de hormonas. Fui a una barra que se llamaba La India Bonita y La India Bonita fue la que descubrió a la Mahogany que tienes aquí en frente. Rony Salazar era el bartender. Él vivía al cruzar la calle cerca de donde vivía yo, aquí nomás en la 16, entre la Guerrero y la Valencia. Saliendo del high school caminé un día por ahí cerca y él me paró y me invitó al show de una vez. Yo era un minor, o sea tenía dieciocho, diecinueve años. Y bueno, fui, miré el show y me encantó. Eran drag queens, transformistas y yo, wow. Rony me dice un día: Ay, tú te conoces las canciones, ¿por qué no te lanzas a hacer un show? Pero yo le dije que no sabía cómo era eso y él me responde: Tú escoge una artista que conozcas, hazla bien, transfórmate en esa persona, y yo te espero en el show. Lo hice y me fue muy bien esa noche, y entonces el juego de hacer show se convirtió en un trabajo. En ese tiempo había dinero, había propinas a morir, todo era un escándalo fabuloso. Yo ya estaba en hormonas; me enteré de las hormonas yendo a La India Bonita porque allí había mujeres trans y también lesbianas, gays y transformistas.

En ese entonces la comunidad latina era carefree, libre, generosa, no había violencia, todos convivíamos, había plata por dondequiera y todo era bien chévere. Los ochentas fueron fabulosos, ¡me encantaría volver! En ese tiempo ya estaba empezando el SIDA pero aún no se sabía mucho acerca del tema. Había mucha gente saliendo del clóset. También había bullying, pero teníamos cuidado, teníamos nuestras zonas. Era toda la 16 y la Castro. En la Folsom teníamos los hombres y mujeres de leather. En la 16, aparte de La India Bonita, también estaban Esta Noche, Lime Light y Los Portales. La acera siempre estaba llena de gente y había show todos los días, de miércoles a domingo. Cuando no teníamos que hacer show íbamos para la Folsom, la Polk, y todo estaba libre. Las prostitutas estaban afuera, las transgender prostitutas estaban afuera en plena calle, bajando de los carros, tirándose dentro de los carros, normal.

A los diecinueve años busqué rumbo y me fui de la casa. Estaba completamente metida de cabeza en el show. Las propinas eran fabulosas y yo, aparte de ser una de las estrellas estelares de La India Bonita, también me ocupaba de arreglar el escenario. Estaba muy bien, tenía un pequeño estudio aquí en la 16 y la renta no era tan escandalosa como ahora, que todo está ridículamente caro.

La Rony Salazar se convirtió en mi mejor amiga. Ella ponía la mano en el fuego por mí y yo por él; nunca he experimentado esa clase de relación con nadie. Pero el novio de la Rony era un prostituto, se vendía en las calles de Los Ángeles y ella no lo sabía. Él le daba la excusa de que iba a Los Ángeles a visitar a su familia, hasta que lo encontramos un día en Los Ángeles en el Sunset Boulevard, donde caminaban todos los hombres prostitutos. Regresamos a San

Francisco y unos meses después Rony se dio cuenta de que el novio le había contagiado de sida. Y pues así falleció mi mejor amiga.

Después de que todo era tan libre, bonito, adinerado y sin problemas, comencé a ver que muchos estaban enfermitos. Yo seguía haciendo show, pero en ese momento la economía estaba empeorando y ya no era lo mismo. Mi mejor amiga muere y comienzan amistades mías a caer como moscas. Tengo amistades de esa época que todavía viven con la enfermedad. Era una plaga, y La Rony Salazar no alcanzó a tomar a lo que llamaban un "coctel". Hubo unos que sí sobrevivieron esa época porque descubrieron el coctel a tiempo.

Yo tenía un novio muy violento, bien celoso, que me miraba en los shows, me sacaba y me arrastraba por la pista. Fue mi primer amor y yo pensaba que los golpes eran algo normal. Viví con esta persona que me quería moldear a su forma en el estudio y yo lo mantenía. Era un malandro y yo tenía, no sé, diecinueve, veinte, veintiún años. Eventualmente lo dejé y encontré otro novio.

A los veintiuno perdí mi virginidad. Fue bonito y amargo, porque fue con un muchacho del colegio que después se fue para Nueva York y nunca más lo vi. Pero me acuerdo de él como si fuera ayer: estaba en el football team en high school y yo me daba cuenta de que todas las chamacas querían con él, pero yo fui la primera con quien él experimentó.

A todo esto, mi mama se divorció de mi papa. No se veían, pero ella de vez en cuando lo llamaba para darle quejas de mí: Mira, la Mahogany se está dejando crecer el pelo, se lo está pintando. Mi mama con el tiempo se dio cuenta que yo estaba haciendo show, porque vivíamos en el mismo barrio y las vecinas le contaron, Allá miré a tu hijo haciendo show encuerada. Porque mi arte era burlesque, en brassiere y calzón brilloso, con plumas y boa. Mi mama llegó a verme después de escuchar esto y en pleno escenario salió con vergüenza, llorando y diciendo: Ay, ¿cómo puede ser? Yo me quedé fría, helada, porque no me la esperaba. Yo tan tranquila estirándome a mis anchas en La India Bonita, haciendo mi dinero para pagar la renta… Al día siguiente le toqué la puerta y le dije, ¿Qué pasó?, ¿por qué apareció?, y me contó que los vecinos le habían contado. Me preguntó que yo por qué estaba haciendo eso, que si no me daba vergüenza y yo le dije: Mama, no es como usted cree. Ella pesaba que yo me desnudaba completamente en frente de la gente—porque no alcanzó a ver todo el show—pero no era así. La invité formalmente a que fuera a verme y le dije que llegara con la mente abierta. Le expliqué con lujo de detalles que era un show, no un strip club y le dije: Mama, usted no me crió de esa forma, usted me crió con morales.

Ya en ese tiempo las hormonas estaban haciendo efecto y estaban cambiando mi rostro, mi piel, mi forma de hablar. Mi mama fue, vio las propinas, la atención y los halagos que la gente me daba y le gustó. Al final le pregunté cómo le pareció y se quedó callada observando todo. Después de la presentación todo era aplausos, tragos, copas y la gente gritando: ¡Bravo! ¡Bravo! ¡Otra! ¡Otra!

Luego, con el tiempo, yo veía que mi mama llegaba a verme, normal, vestida y todo. Después poco a poco ella se comenzó a arreglar y llegaba con sus sombreros con plumas, ¿me entiendes? Como que lo aceptó. Ella era bienvenida, todas mis amistades la conocían. Era la mamá de La Mahogany, una de las estrellas estelares de La India Bonita. Hasta le tenían su silla reservada, su VIP. Era bien chévere. Ella incluso trajo varias veces a sus amistades, hombres y mujeres, que llegaban a ver el show de ¡su hija! Ella se daba golpes en el pecho.

Con mi papa jamás me volví a ver. Si nos cruzamos ahora en la calle yo no lo reconocería; no sé si está flaco, gordo o pelón, y él obviamente no sabe cómo me veo yo. Cuando él se fue de donde mi mama me enterró a mí, yo no existo para él, pero está bien. O sea, nunca me hizo falta, desde chiquita nunca estuvo ahí para mí y lo único que recuerdo de él son las palizas. Nada productivo de su parte, ni un apoyo, ni un abrazo ni nada.

Rony murió cuando yo ya tenía un año haciendo show. No sé exactamente en qué año fue, como en el noventa y algo. Muriendo Rony las envidiosas salieron y ya no había apoyo para mí. Hacían show y ya no me llamaban como antes. Entonces me fui de donde estaba viviendo y fui homeless por tres años durante los que viví en el shelter de mujeres. Me preguntaron si quería estar en el shelter de hombres, de mujeres o mixtiado y yo pedí el shelter de mujeres.

Mi mama quería que regresara a la casa. Yo le decía: No, Mama, yo necesito realizarme como ser humano, formarme toda como una mujer, y pues eso para mí fue tough love, amor al duro. No quería que mi mama me estuviera mimando siempre o teniéndome debajo de la falda; yo tenía que experimentar los golpes de la vida sin ella, porque algún día no la voy a tener. Y por eso después de que murió mi amiga me alejé de mis amistades, porque me di cuenta de que la gente puede ser muy mala y pues, me entregué a mi trabajo en la sociedad. Me metí de vuelta a un hotel—el Grant Hotel—y ahí me convertí en Assistant Manager. Ya llevo trece años viviendo ahí. Estar en el shelter me hizo cambiar y pues ahora me doy cuenta de cómo es la vida real. O sea, yo vivía en la vida real, pero en el día casi no lo miraba porque trabajaba en la noche. Durante el día sólo hacía mis mandados y no estaba tan entregada a la sociedad como en la noche, cuando hacía show y todo era un mundo de fantasía, con las copas, el ambiente, y ¡salud!, ¡salud!, todo el mundo chévere. Cuando terminó todo eso miré que el mundo no era así, que el mundo era de trabajar y de internarme en la sociedad. Ahora en el hotel ya los inquilinos se han encariñado conmigo, el ambiente es diferente.

En este momento me encuentro soltera. Los hombres han sido lo más difícil, tener una relación honesta es difícil. Ahora estoy peleando un caso de sexual harrassment con el manager, porque en el curso de los años que llevo viviendo allí ese señor me ha tocado inapropiadamente. Así que, pues, wow, mi vida toda está girando. Yo nunca pensaba que me podía pasar eso a mí, siendo transgénero, porque pensaba que eso sólo le pasaba a las mujeres biológicas, ¿me entiende? Ahora estoy entrando a otra frontera, a terrenos desconocidos, a ver cómo me va y a ver si me toman en serio. Porque soy transgender y los recursos para nosotras están ¡uf!, bien delgaditos. En cuanto a las leyes no tenemos muchos.

Toda mi vida he estado en San Francisco, nunca he vuelto a Nicaragua. Fíjate que después del terremoto toda mi familia se mudó para acá y hay unos que están en Costa Rica pero ya no queda nadie más en Nicaragua. Con mi mama la relación está excelente. Ya soy su hija, lo tiene muy claro. Éramos tres varones y ahora somos dos varones y una hembra. Mis hermanos tienen sus hijos y desde chiquitos yo los he cuidado y saben que soy su tía. Mis hermanos jamás me miraron como nada más que lo que soy, una hembra, y siempre han sido bien protectores conmigo, siendo la única hembra de la casa aparte de mi mama. Siempre me sobreprotegen con los novios. Nos juntamos en días festivos y todo tranquilo y normal. Ya no me gusta mucho el drama porque ya eso lo viví en mi juventud, con los escándalos, los dramas. Era chévere, todo es chévere cuando uno es joven, pero ya cuando llegas a los cuarenta y siete años miras el mundo de una forma diferente.

Nelson D'Alerta (Catherine White)

Isla de Pinos, Cuba
Fecha de Llegada: 1980

Nos sentamos en el living de Nelson mientras su perro Coco, un french poodle mixto, salta por la habitación buscando dónde sentarse. Las paredes están llenas de hermosas y viejas fotografías en blanco y negro de Cuba. Esta es mi familia, comenta Nelson acariciando a Coco, mientras señala una mujer en un vestido blanco despampanante. En otra pared cuelgan pinturas coloridas de mujeres tetonas y hombres en ropa afeminada, cada una con su firma. Otras descansan incompletas sobre la televisión. Nelson es artista escénico y pintor. Me ofrece una cerveza mientras comenzamos la entrevista.

Nelson es mi tía; hemos sido amigos desde que conozco a Adela. En este momento su cabello blanco y su barba están teñidos de un azul claro que combina con sus ojos brillantes. De vez en cuando, en medio de una historia, revienta en una risa incontrolable seguido de: ¡Niña! ¿Puedes creerlo? Nuestra historia es tan importante. Viéndolo recontar su vida es verlo actuar: baila atravesando la sala mientras recuerda su experiencia en Dallas, hace un gesto para resaltar un hermoso vestido que lució en Miami y sus ojos se agigantan para enfatizar la opresión que vivió en Cuba. De cajones va sacando álbumes de su juventud. Nos sentamos lado a lado mientras me señala mujeres en vestidos extravagantes, hombres luciendo pelucas y demasiado maquillaje, amigos que murieron durante la epidemia del SIDA; imágenes infinitas en blanco y negro de su rostro joven allá en Cuba. Finalmente me muestra una foto de él junto a una mujer tocando el piano: Ella es mi gran amiga Marquesa, dice, Que en paz descanse.

Catherine es mi nombre de mujer. Cuando viene Catherine, fíjate que yo digo, Ay, por tu vida, llegó *Ella*. Me preguntan a veces por ella y yo digo, Catherine está de vacaciones. She's too much. I love her but, sometimes, she is too much. Ella hace cosas que yo no hago: ella para tráfico, habla con los policías, ¿Qué tal, cómo están? What's going on? Toda pintorreteada, media borracha y con una gran bolsa por todos los bares. La que más gozo soy yo. Si yo no estoy confortable en el personaje, no lo hago. Pero si yo me pongo un sombrero de plumas y salgo así como estoy me siento divina. Mi amigo me dice el otro día, Tú no haces drag, tú te vistes de mujer rica. Adela me dice que a veces me da transgender euphoria. Es una cosa interesantísima, cuando un hombre gay o straight se pone una peluca y unos tacones, se forma un encanto y las personas quieren verlo. Es algo maravilloso. Es increíble. Es como, Oh, wow. Como un payaso, en el buen sentido de la palabra. Es un arte, completamente.

Soy de una islita, Isla de Pinos. Viví allí hasta que tenía diez años, y después en La Habana. Cuando llegamos a La Habana mi abuelo me llevó a la ópera a ver Aída y me dijo, Este va a ser tu lugar, tú vas a regresar aquí muchas veces. Yo me quedé oh my God this is it, porque esta es mi vida: el teatro. Y vestida, nunca de hombre. Mi abuelo era italiano, de Florencia, pintor y esgrimista. Mi familia es una familia de artistas. Los otros son mecánicos, inventores de aparatos. Recuerdo luego que a mi abuelo le bailé esto y me dijo: Fantástica, lo tuyo es el ballet pero tienes que trabajar los dedos.

Yo no he tenido clóset porque mi madre siempre me dijo, Tú eres maricón. Mi mamá que me llevó al psiquiatra porque yo de niño usaba tacones, le robaba la ropa y salía a la calle vestida de mujer. Hasta que en 1970 me cogieron presa y me llevaron a la corte, vestida de mujer, ¡y lo que se armó en La Habana! Fue una noticia como si hubieran llegado los marcianos de la Luna. Aquella noche fui a un cabaret que era un hueco pero ahí habían metido a Juana Bacallao y a todos los intelectuales, maricones y lesbianas de Cuba. Y yo estaba vestida y cuando llegué me dicen, Ay pero qué perra, qué bella, qué atrevida. Y yo, ¡Niña!, y se para un carro de la policía delante de mí. El hombre me mira, se fuma su cigarro y se va. Y yo, muerta del susto, me iba a ir pero, bueno, me quedé. Finalmente fui presa porque cuando me llevaron a otro lugar vino un hombre pensando que yo era una extranjera y yo me desmayé y mi amigo empezó a gritarme ¡Nelson! ¡Nelson! ahí supieron que era maricón y me agarraron.

En la high school yo ya me pintaba el pelo. Me ponía cosas que eran una locura: unos grandes espejuelos, me pintaba toda rara de mujer, me ponía ajustadores y blúmers. Tejía en las guaguas y le decía a los chicos, Tengo ajustador, ¿quieres verlo?, y se quedaban locos.

Mi primer amigo gay fue Marquesa. Nos conocimos en La Habana. Oh my God, cuando yo la veo vestida toda de negro, maquillada que parecía Drácula y me dice, Hola, yo soy La Marquesa, y yo le digo, Tú eres mi amiga, ¡qué carajo! Hacíamos un show de Españolas en medio de los arbustos, con chivas pasando, el lugar lleno de maricones y solamente con una grabadora.

Conocí en Cuba a una de las transformistas más maravillosas que tuvo el país en los 50 y alguna vez vi un documental sobre ella. Esta viejita se llama May Lan. Yo le hice un homenaje en el 75 y se llamó French May Lan. Yo rentaba una casa para los espectáculos, against the law, of course. Ella decía que le daba mucho miedo, pero yo la tranquilicé, No va a venir la policía, niña, lo que va a haber son doscientos maricones que te van a aplaudir. Ella tendría como cincuenta y pico de años. May Lan le cosía los vestuarios a las estrellas de Cuba porque era modisto, a personas como Josephine Baker y Rosa Fornés que nos volvieron locas. Todas las cubanas de mi época que conocieron a Rosa Fornés se enloquecieron, se vistieron de mujer y querían ser ella.

El odio a los homosexuales en Cuba—te estoy hablando de los años 70—también era promovido por los profesores. En el octavo grado no podía más y me tuve que ir. Yo soy artista, qué carajo matemática ni una mierda. ¡Y tengo una educación! Hablo varios idiomas. Te puedo hablar de pintura, de literatura, de música, de lo que quieras, ¡hasta de física! Yo no fui a la escuela no porque no quise sino porque no me dejaron. Ser maricón era lo peor que uno podía ser en ese tiempo. El gobierno se fue del país buscando soluciones para acabar con los homosexuales en Cuba. Abrieron un campo de concentración llamado la UMA, en Camagüey, donde te metían cuando te apuntabas para el servicio militar obligatorio. Hicieron una gran recogida no solo de homosexuales sino de cualquier persona que pudiera ligarse a ese grupo. No te puedes poner short, ni dejar el pelo largo. ¡Si eso no es un campo de concentración entonces yo no sé qué es un campo de concentración! Ya yo tengo casi sesenta años y no he podido terminar la escuela. Me he educado yo mismo.

Nosotros llegamos a este país de una represión, mi amor...

Una vez estaba con Marquesa esperando para ir a un lunch en un restaurante en Cuba y vino una burda, castrista, con otros disfrazados de civiles y nos cayeron a golpes con unos cables. A Marquesa le abrieron un zanjo en la pierna y yo le tuve que echar vinagre.

Ella era muy religiosa y decía, Ay Catherine, esto es como Cristo.
Y dígole, Ay, no, vieja.
Y ella, Ay, yo soy una mujer católica.
¿¡Mujer católica!? Aquí hay es que irse.

Llegué a Miami un lunes de 1980. Yo soy de la embajada de las 10.800 personas asiladas en La Habana. Porque Castro decidió cambiar la historia de Cuba y abrió las cárceles y mental hospitals. He cleaned the country. Había un aviso en la televisión que yo me quedé loca, qué descarado este dictador diciendo, *La vía más segura de viajar a Miami es vía Mariel.* Al final del noticiero, yo no podía creerlo. Llegamos millones de cubanos a Miami. Nos tenían en el Orange Bowl, en un refugio. Cuando salí me entrevistó un hombre que ayudaba a conseguir trabajo en Miami, un hombre gay, íntimo de Reinaldo Arenas. Daniel Fernández, se llamaba. For the record, Reinaldo Arenas, conocido mío porque era tremenda hijeputa. Nos pasamos en una escalera un día y me dijo, Pero qué clase de maricón tan fuerte, y yo le dije, ¡Y tú, niña! Yo no sabía quién era ella.

Entonces le dije a Daniel que yo era drag queen, que era transformista. Díceme él, Hombre, tú sí la bateaste. Aquí han venido todos pidiendo trabajo de todo, ¿pero transformista? Ah, ven el miércoles que yo te voy a buscar trabajo en la playa.

En aquella época había dos bares en la playa de Miami Beach. Scarface vendiendo cocaine y las locas vestidas de discos con su barba, nos afeitábamos y todas fletiando amanecíamos en los hoteles de downtown, Oye, niña, tápate la barba… Yo llegué a Miami con barba. Me la había dejado crecer en Cuba para que no me metieran preso una vez más, para verme menos maricón.

Empecé a trabajar un lunes. Todavía tengo el sobre de mi primer pago en 1980 por 75 dólares. Acabada de llegar y ya estaba en el espectáculo más fabuloso que tenía la ciudad de Miami. Salada todavía. Cuando salgo en Miami a hacer mi número (hice una canción de Mina) el bar se vino abajo, parecía una manifestación política: ¡Cuba! ¡Cuba! ¡Cuba! Y las locas, ¿Quién eres tú, mi niña? Porque yo era muy famoso en La Habana, yo tenía una compañía de ballet y todos los maricones me conocían. Yo fui transformista en Cuba cuando era prohibido ser maricón.

En el año 80 por poco me matan en el gay pride de Miami. Éramos como tres personas para empezar y los cubanos con miedo y yo vestida divina con un gran vestido negro y una peluca rubia. Cuando se acerca un hombre que quería darme con un palo y yo me metí en un coche en marcha. El hombre del coche se quedó quieto cuando vio aquella señora sentada, y me decía, Get out! ¡Vete, fuera! Pero yo le dije, Lléveme hasta la otra cuadra. Me manejó una o dos cuadras más hasta que vi a los maricones en la otra cuadra y salí corriendo.

En el 81, a los 25 años, me mudé de Miami a Dallas. Miami estaba horrible porque Fidel había limpiado las cárceles y en Miami asesinaban a las personas todo el tiempo. Mi amiga me invitó a Dallas porque, claro, ella sabía que yo era la que formaba el grupo. Yo tengo esa cosa natural de dirigir teatro, espectáculos de cabaret, conciertos clásicos... Entonces llegué y formamos un show. En Dallas ya estaba Marquesa, que en paz descanse, y Aurorita, que en paz descanse. Cuando llegó Adela, que está viva, le dije, Aquí tienes que dar show. Ella me respondió, Pero yo no soy artista, y yo, ¿Que qué? Vas a ver que tú eres artista.

Melissa, una amiga de Cuba que ahora es una sex change, se encuentra con un mexicano bartender de un bar grande como una nave. En Dallas todo es muy grande. Me parece increíble que yo haya vivido en Dallas por tres años. El bartender nos conectó con management y nos dijeron, Vamos a probarlas un sábado y, si al dueño le gusta, las contratamos. Vamos a inventar el cuento de que ustedes llegan de Las Vegas. Se van a llamar Las Locas por el Mambo. Ninguna tenía ropa de show. Nos compramos unos leotares de colores, tacones, medias fishnet y usamos pelucas que teníamos. Era un lugar straight. Empezamos el show meadas de la risa. Este grupo de amigos fue la salvación de mi vida personal.

En 1983 llego a San Francisco porque Sofía Lamar —ahora ella es The Queen of Manhattan— me dijo un día, Óyeme, tengo la ciudad, ¡nos mudamos! Dígole, Vamos. Me dice, Tu calle es la Polk. En ese momento la Polk era gay. La Castro no me gustaba porque era muy clon.

San Francisco toda mi vida ha sido un sueño; de niño tenía un proyector y veía las calles de San Francisco fascinada y me dije que algún día viviría allí.

Cuando llegué en Esta Noche no había espectáculo gay y yo fui una de las primeras personas en hacer show en ese bar. Era un bar de lesbianas y gays latinos pero no había show, no había stage. Era igualito: un hueco, ¡pero con un flavor! Es lo único que tenemos, lo único que queda. Qué pena que en esta ciudad, con tantos latinos intelectuales, artistas, transformistas y escritores, no tengamos un lugar para ir a saborearlo.

Y, bueno, después de un rato llega una persona y dice, Me dijeron que tú montas show, yo tengo un cabaret en 181 Eddy pero no tengo show y yo solo hago a Diana Ross. Y dígole, ¡Niña, ready! Este fue el espectáculo más fabuloso que he tenido en mi vida. Te digo que incluso tuve una experiencia espiritual en ese show porque en la mente el sexo y el arte están en el mismo punto; cuando tú tienes un orgasmo puede ser artístico. Y es que tuve de todo para ese show, tuve luces, tuve un cabaret de los años 40, ¡y tuve un elenco! Tuve escenografía, y un público que era todo cubano acabado de llegar—fíjate cómo me erizo—, y gritaban. Aquello fue fenomenal. Duró muy poco.

El grupo se llamaba Dream Girls, porque era como un sueño. Y todos los weekends teníamos una espectáculo nuevo. Todas éramos estrellas. Todas teníamos que tener talento para trabajar ahí, no se podía ser chicle. Nosotras mismas hacíamos cuatro piruetas, cantábamos canciones viejas en español, boleros, canciones de artistas cubanos. A mí me gusta mucho esta cantante italiana que se llama Mina; también hice muchos números brasileños. Me encanta la música brasileña. Pero más que todo números en español porque mi comunidad es importantísima para mí. Y yo he sido una voz para mi comunidad donde no hubo. El show de 181 Eddy fue un show de transformistas en español. Llegó a ser tan popular que el único cabaret que había aquí en la ciudad, que era Finnochio's, empezó a mandar personas a que nos chequearan. Y yo tuve un novio venezolano director de cine que tuvo una idea fantástica de vender el tour a los turistas y hacerlo con una guagua. Eso hicimos, el lugar se llenaba y se empezó a hacer famoso.

Ahí mismo empezó la epidemia, pero no se hablaba de epidemia. El gobierno se lo tenía muy callado. Yo me enteré por un amigo mío que se le murió el amante y nos quedamos friqueadas. Después salió en el periódico "el cáncer gay" y asustados dijimos, Oh my God, ¿y esto qué cosa es? Esto fue en el año 1983 y yo estaba ahí.

El show duró dos años. Se acabo muy pronto porque el organizador dijo que yo me creía la estrella. La delincuenta, que era la que me había conseguido este contrato, la que hizo de Diana Ross, vino a verme y me dijo, Si no te vas te corto la cara. Tú no eres la estrella del show. Después de ese show me asusté tanto… Imagínate, iban a cortarme la cara y yo vivía en pleno Tenderloin, en Eddy and Taylor. Estuve trece años sin hacer show. Por miedo y además estaba casado. Mi vida ha sido un entrar y salir del escenario. Cuando el espectáculo no me da lo que yo quiero, me tengo que ir porque yo tengo un gran respeto por ese arte, y ese arte se ha perdido. Esto del transformismo es el principio del teatro en Grecia donde los hombres se vestían y caminaban. El arte ahora está más manejado por los cirujanos. Yo lo que quiero es talento. Quiero que se me caiga el público, aquí queremos entretener. Yo soy un entertainer. If you have talent come work with me, and if you don't have talent don't waste my fucking time.

Después de trece años de ausencia Adela, mi gran amiga que me ha ayudado siempre, me dijo, te tengo para ti lo que quieres hacer: teatro. Hicimos *La casa de Bernarda Alba* en el Mission Cultural Center con la comunidad. Mi relación con la comunidad ha sido a través del espectáculo. A través del arte porque el arte cura. El arte es la única forma de contar la historia que se queda, ¿entiendes? No lo he hecho intencionalmente: me ha salido natural. Es una necesidad, no es un negocio y me da un placer increíble. Volví a Esta Noche a hacer show para recaudar el dinero para hacer la pieza de teatro. Al final la pudimos hacer porque Proyecto ContraSIDA nos ayudó a hacerlo en Mission Cultural Center. Pero es bien difícil dirigir a las personas. Yo no quiero controlar a nadie sino dirigirlas, decirles, Mi amor, puedes entrar por aquí, puedes salir por allá. No puedes usar tacones porque eres una criada de los años 30, no puedes chancletear. ¿Pero tú entiendes? No soy maestro. Soy creador. Pero, como no he tenido dinero, siempre lo he hecho porque lo tengo que hacer. Y lo he hecho en mi casa. No hace falta otro lugar.

Una vez en la Haight, todavía a principios de los 90, se pusieron muy de moda los skinhead, oh my God. En aquella época yo me hacía una mohawk muy grande, con tacones y pantalones de leather. Un amigo escritor, Ricardo, que en paz descanse, se vestía con sombreros y pantalones de cuero, toda pintorreteada, y una raqueta de jugar tenis. Y salía así. El marido era modisto. Y una vez nos cayeron atrás unos skinhead, a darnos golpes y hemos tenido que salir corriendo gritándoles, ¡Hijos de puta! Motherfuckers! We are faggots, get out of this city! Parecían unos bulldogs aquellos blancos rapados. Y me gustan más los negros que los blancos americanos. García Lorca, el gran escritor y poeta español gay asesinado por Franco, cuando vino a este país dijo, Si Estados Unidos sabe leer, es por los negros. Tuve un programa semanal de televisión latino en drag por quince años. Porque yo dije: yo quiero tele. Yo quiero la escalera de caracol de cristal, seda, plumas de avestruz y de aves del paraíso. Esto es un arte caro y fabuloso. Con respeto, y si no, no lo hago. El único programa en el public access en 1995 era *The Catherine Show Presents*, en el canal 53, *El Canal de las Estrellas*. Tuve la suerte de presentar millones de documentales que eran traídos para el festival gay y lesbian de cine, y me daban la premiere a mí en la tele. Todo en español, mi amiga.

Filmé a Esta Noche. Después del primer año al aire nos dieron el premio George, que es por el mejor show del año. Yo era Catherine y mantuve el espectáculo durante quince años. Al final me quede sola, editando, inventando y sacando. Yo he hecho arte porque hay que hacerlo y en español. Porque no soy americana, qué suerte o qué desgracia. Soy caribeña, coño, soy de Cuba. Y si me vuelvo a morir y nazco de nuevo quiero que sea en Cuba.

Mis amigas y yo siempre hemos tenido nombre de mujer. Hasta muy joven yo me quise cambiar el sexo, pero después descubrí que ese no era mi camino, que yo era un transformista de la ilusión. Yo soy una transexual o no sé cómo llamarlo, no tengo nombre. Yo estoy mas allá de eso. Decía mucho que me iba a cambiar el sexo y en Cuba, imagínate, qué locura. Pero había visto en revistas unas chicas con tetas y pinga, y yo, Oh my God, ¿qué es esto? Quedamos maravilladas. Mi primera clase de ballet yo me metí todo para atrás, y la directora de escena me dijo, Sácatelo todo para adelante que te vas a herniar, te van a tener que llevar para el médico. Claro, no se podía ser maricón y ser bailarín. Pero yo insistí tanto que ya dentro tenía que actuar como si fuera un hombre. Y yo estaba divina con mi bollo metido para atrás, porque ese era mi personaje en Cuba, pero me di cuenta, me dije: Oye, si te haces mujer vas a tener un hombre que te va a decir lo que tienes que hacer. Y, ay, no. Eso no lo quiero yo. Ya no quise ser mujer. Pero me decía a mí mismo: Ay, esta barba yo la odio, pero ya después me ha fascinado esta barba. Después todas mis amigas en Dallas se empezaron a operar y a hormonizarse. Yo estaba medio traumatizada. Me acuerdo en San Francisco cuando la primera amiga se me operó y se me abrió de piernas, mi amiga con pinga que había visto en cuera toda la vida... Ella estuvo conmigo en la embajada de Cuba, Sofía. Ay, niña, por poco me muero. Parecía como si le hubieran cortado los huevos y tenía un hueco. Por una semana tuve nightmares de que me cortaban la pinga. Y yo no quería. Yo le dije a Adela el otro día: Si en Cuba, cuando nosotras éramos jovencitas, hubiera habido cambio de sexo, yo tuviera una clase de bollo viejo ahora hablando contigo. Un hueco.

El transformismo a mí me parece una cosa maravillosa. Y el transformismo latino es especial porque tiene una pasión, un tumbao, un sabor distinto. No sé qué será pero he vivido de eso toda mi vida. Aunque también soy profesional de peluquería, estilista, pero eso no fue mi vida. ¡He tenido una suerte! Me puedo morir aquí, hablando contigo. Yo creo que no regreso. Yo creo mucho en el budismo y que esta es mi última reencarnación. La vida me parece maravillosa, pero me han pasado tantas cosas que es increíble.

En esta vida he tenido el privilegio de haber podido vivir los dos mundos y de poder seguir viviéndolos. Cuando te vistes de mujer, cuando te quitas el pantalón, te das cuenta de que tiene un poder increíble que le han dado los machos. Ni los maricones quieren soltar el pantalón porque cuando te quitas el pantalón pierdes el poder. ¡Y yo me resingo en el coño de la madre del pantalón! Yo me pongo saya, blúmers, y tengo unos huevos y una pinga más grande que todos. Hay que tener cojones para ponerse un par de tacones y un vestido y salir a la calle. Hellooooo, I'm a free spirit. I don't have a sex. Yo me siento yo, una persona única. Ni lo preguntes mucho. Me encanta vestirme de mujer, pero mira, nunca me han dicho de oso. Pero nada de hombre ejecutivo. Tuve un solo saco en mi vida porque en mi época había que ir al ballet con un suit and tie. Pero lo mío es el vestido. A mí me encanta ser drag queen.

Porque me ha costado tanto en mi vida ser como soy, porque tengo tacones y tengo botas entonces, ¿cuándo saco los tacones y me pongo las botas? Ha sido siempre así, como muy ambiguo, pero ese soy yo. Si a mí me ha costado mucho trabajo entenderlo, me imagino cómo será para la gente. Y todavía sigo haciendo show aunque cada vez menos, por la edad, o más bien porque no encuentro el lugar dónde poner el huevo. Entonces no voy a poner el huevo. Tengo idea de abrir una vez al mes el salón, todo latino, que vengan mis queer latinos a cantar, a tocar guitarra. Estoy loco por hacerlo.

Glosario[1]

Armario: *"Estar en el armario"* expresión utilizada por personas LGBT que no declaran abiertamente su orientación sexual. *"Salir del armario"*declarar abiertamente la sexualidad propia (o género propio).

Drag Queen: Generalmente un hombre vestido exageradamente de mujer con fines de entretenimiento. La drag queen es la reina del show: divierte, dobla canciones, baila.

Fuerte: Se usa dentro de la comunidad LGBT para describir a alguien extravagante, atrevida, que no le importa lo que la gente piense.

Latinx: Término que integra a toda la comunidad LGBT latina.

LGBT: Acrónimo usado para Lesbiana, Gay, Bisexual y Transgénero.

Loca: Se usa para denominar a cualquier persona que de alguna manera se siente como una mujer. Por ejemplo, ¡*Oye loca!*, se usa cuando no recuerdas su nombre o, ¡*loquita!,* alguien que conociste en una fiesta.

Maricón: Utilizado entre amistades para denominar a un hombre homosexual afeminado. O según el contexto en el que se use, maricón es un término peyorativo usado despectivamente como insulto.

Mariconería: Una manera de andar/existir en este mundo; una cultura. También usado para describir una reunión de homosexuales súper afeminados.

¡Niña!: Utilizado particularmente en el Caribe entre maricones para saludarse: ¡*oye niña!*

---

1. Este glosario fue creado con la ayuda de Adela Vázquez. Los términos y conceptos presentados aquí no están consensuados por toda la comunidad LGBT. El glosario es más bien una representación de términos queer con relación a los testimonios de este libro.

Queer: Significa "raro" en inglés. Durante las últimas décadas ha sido reivindicado y convertido en un término alternativo a LGBT.

Transgénero: Persona que se identifica con un género distinto al asignado al nacimiento.

Transexual: Persona transgénero que realiza intervenciones (a veces quirúrgicas) para que su cuerpo se amolde al género con el que se identifica. Usado también como término legal.

Transformista: Generalmente un hombre que se transforma en mujer con fines artísticos. Originalmente usado por locas urbanas.

Travesti: En inglés se le conoce como "cross-dresser". Alguien que usa ropa del sexo-opuesto al asignado al nacimiento (en público o en privado).

Vestida: Literalmente alguien que se viste de mujer; a veces sinónimo de drag queen.

Sobre la Autora

Juliana Delgado Lopera es una escritora/ historiadora Colombiana residiendo en San Francisco. Recibió el premio 2014 Joseph Henry Jackson Literary Award y fue finalista del Clark-Gross Novel Award. En 2017 Nomadic Press publicó su primer libro de ensayos *Quiéreme*. Ha recibido fellowships de Brush Creek Foundation of the Arts, Lambda Literary Foundation, The SF Grotto, YBCA y una beca del SF Arts Commission. Su trabajo ha sido nominado para un Pushcart Prize y publicado en varias revistas literarias. Actualmente trabaja como directora de RADAR Productions.

Sobre la Ilustradora

Laura Cerón Melo es una diseñadora e ilustradora colombiana. Ha trabajado en las industrias de moda y editorial, en San Francisco y su ciudad natal Bogotá, Colombia, y actualmente trabaja y vive en San Francisco haciendo diseño gráfico y comunicaciones para GLIDE. Además de su trabajo en GLIDE, Laura trabaja como freelancer para otras organizaciones sin fines de lucro y participa en grupos y organizaciones de arte-activismo a nivel local y nacional. Laura tiene un titulo universitario en diseño y un certificado en marketing.

Te Pienso
fotos / memorias

Thinking of You
photographs / memories

Marlen Hernández en casa con sus perros para la portada de *SF Weekly* (2013) por Gil Riego

Marlen Hernández at home with her dogs for the cover of *SF Weekly* (2013) by Gil Riego

Marlen Hernández en casa para la portada de
SF Weekly (2013) por Gil Riego

Marlen Hernández at home for the cover of
SF Weekly (2013) by Gil Riego

Nelson D'Alerta como Catherine White
(1980) por Las Locas por el Mambo

Nelson D'Alerta as Catherine White (1980s)
by Las Locas por el Mambo

Nelson D'Alerta como Catherine White
(1980) por Las Locas por el Mambo

Nelson D'Alerta as Catherine White (1980s)
by Las Locas por el Mambo

Carlos Sayán Wong, Hermana Maureen, Alex (hermano de Carlos) y la madre de Carlos en Barranca, Lima (1991) por fotógrafo desconocido

Carlos Sayán Wong, Sister Maureen, Alex (Carlos' brother) and Carlos' mother (1991) in Barranca, Lima by unknown local photographer

Carlos Sayán Wong en Orlando, FL
fotografiado por su madre

Carlos Sayán Wong in Orlando, FL
photographed by his mom

Adela Vázquez y Mahogany Sánchez en Dolores Park durante Trans March por fotógrafo desconocido

Adela Vázquez and Mahogany Sánchez at Dolores Park during Trans March by unknown photographer

Manuel Rodríguez fotografiado por
su hermana, Wanda Rodríguez

Manuel Rodríguez photographed by
his sister, Wanda Rodríguez

Adela, Jorge Luis
Montecino y Rocky
por fotógrafo
desconocido

Adela, Jorge Luis
Montecino and
Rocky by unknown
photographer

Vicky, Alexandra Delight, Catherine White, Adela Holiday, Roger, Liliana y Gabriela por fotógrafo desconocido

Vicky, Alexandra Delight, Catherine White, Adela Holiday, Roger, Liliana y Gabriela by unknown photographer

Alexandra Cruz para la portada de
SF Weekly (2013) por Gil Riego

Alexandra Cruz for the cover of
SF Weekly (2013) by Gil Riego

Alexandra Cruz y Natalie La Dupon en
Proyecto ContraSIDA Por Vida (2000)

Alexandra Cruz and Natalie La Dupon in
Proyecto ContraSIDA Por Vida (2000)

Adela Vázquez en
Miss Gay Latina
(1992) por fotógrafo
desconocido

Adela Vázquez at
Miss Gay Latina
(1992) by unknown
photographer

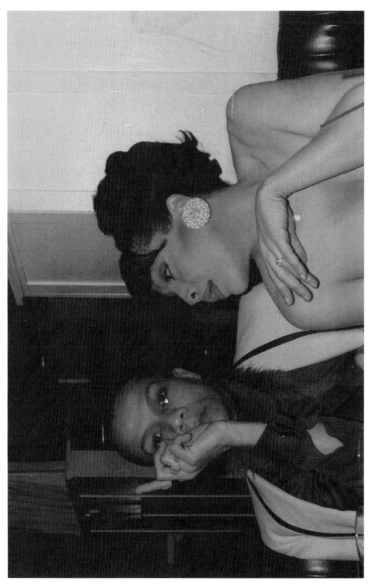

Adela Vázquez
and Tina Leo
celebrando
navidad (1993)
en el restaurante
Leticia's por
fotógrafo
desconocido

Adela Vázquez
and Tina Leo
celebrating
Christmas (1993)
in Leticia's
restaurant by
unknown
photographer

¡Cuéntamelo!

Full of humor and heart—the oral histories collected here speak of exilio and gentrification, bad tricks and forever friendships, hoped for memories and forgotten utopias. This is queer latinidad in all of her salty glory, spilling tales wrapped in glitter and grime, urgent stories that capture your spirit and don't let go. This book is a must-read for anyone interested in real-world accounts of the quotidian cruelties and unexpected pleasures of immigrant latinx queers remaking community, sex, politics, cultura, and themselves.

Juana María Rodríguez, author of *Queer Latinidad*

¡Cuéntamelo! is as wonderful to read as it is, to my mind, essential history. Juliana Delgado Lopera has done for San Francisco, and the country as a whole, a crucial service in compiling these remarkable individual narratives told with humor, intensity, heartache, and sorrow. Only a great listener could collect stories this powerful, this detailed. Taken together they tell an incredibly varied, and at the same time, universal story of resilience against the longest possible odds.

Peter Orner, author of *Love and Shame and Love*

A remarkable archive filled with the oral histories of transformistas, chicxs, locas, y mujeres that emigrated in the 1980s from Latinoamérica. Disrupting normative notions of "pride," these chicxs reveal the complexities that collaborate against them and emphatically refuse marginalization through performance and community. Their stories will expand the hearts of every reader who is willing to let them speak for themselves.

La Chica Boom, *Performance Artist*

¡Cuéntamelo!

Oral Histories by
LGBT Latino Immigrants

JULIANA DELGADO LOPERA

Illustrations by
Laura Cerón Melo

Edited by
Shadia Savo and Santiago Acosta

aunt lute books
San Francisco

Aunt Lute Books
P.O. Box 410687   Print ISBN: 978-1-879960-94-7
San Francisco, CA 94141   EBook ISBN: 978-1-939904-20-1
www.auntlute.com

Book design & illustrations: Laura Cerón Melo
English cover photo: Virginia Benavidez
Spanish cover photo: Eva Seifert
Senior Editor: Joan Pinkvoss
Managing Editor: Shay Brawn
Production: Maya Sisneros, Taylor Hodges, Andrea Ikeda, Katie O'Brien, Kari Simonsen, An Bui, and Tiffaney Padilla

This printing of this book was made possible by support from the Horizons Foundation, the California Arts Council, and the Sara and Two C-Dogs Foundation.

Library of Congress Cataloging-in-Publication Data

Names: Delgado Lopera, Juliana, author.
Title: −Cuéntamelo! : oral histories by LGBT Latino immigrants / Juliana Delgado Lopera ; illustrations by Laura Cerón Melo ; edited by Shadia Savo and Santiago Acosta.
Description: San Francisco, CA : Aunt Lute Books, [2017] | First edition published in 2014 as: −Cuéntamelo! : testimonios de inmigrantes latinos LGBT = oral histories by LGBT Latino immigrants. | Text in English and Spanish, bound back to back and inverted.
Identifiers: LCCN 2017042650 (print) | LCCN 2017045127 (ebook) | ISBN 9781939904201 (ebook) | ISBN 9781879960947 (alk. paper)
Subjects: LCSH: Sexual minorities--California--San Francisco--Biography. | Latin Americans--California--San Francisco--Biography. | Immigrants--United States--Biography.
Classification: LCC HQ73.3.U62 (ebook) | LCC HQ73.3.U62 S3535 2017 (print) | DDC 306.76--dc23
LC record available at https://lccn.loc.gov/2017042650

Printed in the U.S.A. on acid-free paper
10 9 8 7 6 5 4 3 2 1

In memory of Marlen Hernández

Acknowledgments

I want to thank the Queer Cultural Center and Galería de la Raza for supporting this project in its initial state. The Aunt Lute folks for believing in the preservation of queer memory. Laura Cerón Melo for designing and illustrating the book. Santiago Acosta and Shadia Savo, my two editors, for their patience and perseverance. Adela Vázquez for being the queen she is and being in my life. Nelson D'Alerta, Mahogany Sánchez, Alexandra Cruz, Manuel Rodríguez Cruz, and Carlos Sayán Wong for sharing their stories. A Marlen Hernández for leaving an indelible imprint in San Francisco's latinx community—*we miss you mama.* This project could not have been completed without the help of Juana María Rodríguez, Xandra Ibarra, Diego Fernández, Jorge Hernández, *SF Weekly*, Peter Orner, and all of my friends and community who supported me through this journey. Lastly, much love to Daniela Delgado and Maria Estella Lopera for their unconditional support.

Contents

"*I swear this book is made without words. It is a mute photograph. This book is a silence. This book is a question.*"

Clarice Lispector

"*Let's face it. We're undone by each other. And if we're not, we're missing something. One does not always stay intact. It may be that one wants to, or does, but it may also be that despite one's best efforts, one is undone, in the face of the other, by the touch, by the scent, by the feel, by the prospect of the touch, by the memory of the feel. And so when we speak about my sexuality or my gender, as we do (and as we must), we mean something complicated by it. Neither of these is precisely a possession, but both are to be understood as modes of being dispossessed, ways of being for another, or, indeed, by virtue of another.*"

Judith Butler

Introduction

As I head straight up Mission Street, passing 19th, the smell of Leo's bacon-wrapped hot dogs invades my nostrils. This is the heart of the Mission District in San Francisco, and Adela, my adopted queer mom, lives on the second floor of an old Victorian building. Coming to see her is my daily dose of familial drama. The stairs to her apartment are narrow, the walls orange with handwritten signs here and there; at last, a wooden door with a *please keep this door closed* sign opens to the second floor hallway. She leaves the door open for me. Here, we're family.

It all begins at Adela's.

For years I've watched *Caso Cerrado* at Adela's house every week—at times, every day. Amidst discussing the extravagant drama of the show, we tell each other stories, we bring into this one-bedroom apartment in the Mission District the lives we left back in our countries: we materialize our families, our loss, our longing. We eat harina de maíz as Adela tells and retells how during the 1960s Fulanita ended up in jail in Cuba for wearing make-up. How this and that loca sold homemade meals and crack in the 1980s, making a business inside their apartments in the Tenderloin to survive. How she left home one day during the 1970s—only a teenager in Cuba—to live by the beach for nine months, and how her grandmother walked miles and miles under a Cuban sun wearing pantyhose to deliver hot food and clean socks to her.

As *Caso Cerrado* ends, more people knock on Adela's door. Everyone comes to tell a story. After a few hours, the apartment

is populated by ghosts from the 1980s, the 1990s—ghosts roaming in drag, dying during the epidemic; ghosts leaving their homes in Central America in boats or by foot. Ghosts surviving in the margins of the society, inside the underground world that welcomed them. Most of them Latinxs, many of them immigrants. They tell stories of each other, elaborate, fight over the verifiability of their lives. I listen.

The queer world that has emerged in front of me every day through story feels invisible to the public eye. The lives and memories of Adela, Catherine, Manny, Alexandra—those who have become my queer family, are hidden inside one-bedroom apartments.

Because LGBT history rarely includes Latinxs. Because it is even more rare for immigrant, Spanish-speaking queers to be part of a mainstream LGBT historical narrative. Because history is not a series of unconnected facts, but, rather, stories of our humanity woven together—some stories that are lifted high, some that are ignored. In order to create a more comprehensive understanding of ourselves, after three years of witnessing I decided to record the voices around me.

At first, I had no clue what to do with these stories, how to put them together. Adela and I always talked about me writing her memoirs, but this seemed like a different project. I wanted to include more voices; I wanted people to narrate their lives and have those narratives adjacent to each other, contradicting each other. For two years we discussed creating a book, a podcast, a movie, but nothing really took off. How do we faithfully capture this migrant, queer world? How could the fusion of different Spanish dialects and English (Spanglish) dominate the page? Then the "testimonios" genre—an equivalent to oral history in Spanish—surfaced as a possible structure that could capture voices without the presence of the editor on the page. That was important: I did not want my voice to be legible on the page. I did not want to call attention to the editor. The spotlight needed to be solely around their stories, the sounds of their voices amplified—the rhythms created by the spoken word of their lives.

In 2013 while interning as an editorial assistant at *SF Weekly*, I proposed doing a series of oral histories on LGBT Latinx immi-

grants to the editor. He was excited about the project. The *SF Weekly* cover story of June 26, 2013, featured *Cuéntamelo: An Oral History of Queer Latin Immigrants in San Francisco*, four oral histories presented alongside a series of photographs of each person. The piece was well received by the community. People called the featured narrators, excited to see them on the cover of *SF Weekly*, moved by the power of their stories. I also received phone calls from friends, people in the community who wanted to see a larger and more-developed version of the piece. I did too. Because of space constraints, there was only so much text that fit into *SF Weekly*. Also, I had translated all of the oral histories into English for the cover story (with some Spanish words here and there), and it was important to me that if a longer version of this project was developed, Spanish (or bilingual) text should dominate it.

Around that time, I found out through a friend that the Queer Cultural Center (QCC) was just about to facilitate a workshop to apply for its annual National Queer Arts Festival grants. In drafting the grant proposal for QCC, the project really took the shape of what is presented here: a collection of oral histories and illustrations by LGBT Latinx immigrants who are over 45 years old. Age is an essential marker here. In a culture that glorifies everlasting youth, that pushes its elders into facilities and therefore to invisibility—a culture that has ceased to value inter-generational dialogue between young people and their elders—it is crucial to move the spotlight to the queers that paved the road for us. Moreover, it is essential that we redefine both the queer and the immigrant movement, from a youth-centered perspective, to a more comprehensive framework that includes all experiences regardless of age.

While working on the QCC grant, I found out Galería de la Raza also provides grants for projects focusing on Latino/a culture. It is with the support of both QCC and Galería de la Raza that the first edition of the book was published. Unfortunately, precisely because the book was self-published, only 300 copies were printed and all sold the day of the book release. *¡Cuéntamelo!* remained only available as an e-book for two years until the folks from Aunt Lute approached me, excited to reprint it and bring it to a wider audience.

The new edition comes out at a crucial political time in the U.S: Donald Trump was elected president and with him a wave of legislation further criminalizing immigrants and trans folks. The face of white supremacy now emboldened, with an organized political machine coming straight from the White House. The day after the election, immigrants and queers alike rushed to file change of immigration status, name changes, passports—all of us scrambling to ready ourselves for the rise of intensified violence and persecution that was sure to come. And it did. Therefore it is with a new sense of urgency—and an understanding that it is up to us to preserve our memories and stories—that this book makes its comeback.

Most of the people featured inside are close to me, part of my queer family; others, like Carlos, heard about it through word of mouth and were eager to participate. Sadly my queer aunt, and all around reina, Marlen Hernández passed away on January 2017 after years battling cancer. This new edition is dedicated to her—her beautiful radiant energy—and all the trans girls constantly holding it down for the community.

These stories are in no way representative of the entire community. Rather, they contribute to the ongoing dialogues around migration, exile, displacement, queerness, Latinxness, and age. I bore witness to all of the testimonios and translated the text from Spanglish. I also edited the text with the help of Santiago Acosta and Shadia Savo. Laura Cerón Melo illustrated and designed the book.

Ultimately, this collection of oral histories belongs to the community.

And it all ends at Adela's.

When we watch *Caso Cerrado*, Adela plays Angry Birds on her PC. Her house is always dark, lightened only by the tiny lamps here and there spread out like jellyfish, bought at the Goodwill on 19th and Mission or found on the street, put together with care, with love. And I always tell her, Mama, why don't you turn all the lights on while you sew? You're gonna go blind, girl. But Adela only listens to her inner voice. The inner warrior woman who 55 years ago in Camagüey began doing her lashes with shoe polish. The

fat country kid who made her grandmother tighten her pants so that they looked more girly, more in style, more bellbottoms-like, so when she cruised around the Casino Campestre all the faggots stared down, yelling, Niña! Fuerteeeee! The 21-year-old forced to run away from home, kicked and pushed from the island, stamped with a HOMOSEXUAL on her military card, sent miles away to white, very white, Fort Chaffee, Arkansas. She took a bus with 400 pesos that had to be thrown out the window because you couldn't take anything with you. That night, Adela was on her way to freedom, which means leaving, which means cutting the umbilical cord to everything you know, which means ripping part of your heart out and burying it in the beach near Mariel so that the land will remember you. The 55 years of wisdom accrued right next to me.

What happened with that book, she says, are you still gonna write about me or what?

¡Cuéntamelo!

Adela Vázquez

Camagüey, Cuba

Date of Arrival: May 8, 1980

Adela landed in my life as a guest speaker during one of my classes at UC Berkeley. She is the queen of queens, the all-Cuban-immigrant, kill-me-with-that-accent-niña who conquered San Francisco in the early 1990s with The House of Pan Dulce. *Pan dulce for a sweet Caribbean tooth. During 1992 if you cruised around 16th street, if you went to Esta Noche or La India Bonita, if you danced salsa, sang boleros, and you happened to be gay, and you happened to be Latino, you* knew *Adela. Skinny, long, with pink pigtails, a tight dress, and heels to kill. Or, sometimes, she'd go all Goth—shave her brows, part in the middle her jet-black hair covering her emerging breasts. Adela, the omnipresent goddess. Adela was the voice of the trans Latina community at the peak of the epidemic, at a moment when the trans community was just beginning to organize, to demand: She was the first trans Latina to work for an organization and get paid. People gathered behind her: Prostitutes, putos, trans sex workers, underground artists, club kids…lured by her deep, hoarse voice, her elegance, and that soft way of her saying, I don't give a* fuck!

And even a few months back, we were strolling down Mission Street like 15-year olds chatting it up while at every corner someone yelled, Adelita! Mama! And she responded, Ay, corazón, ¿cómo tu esta? A small congregation of older queers around us as she introduced me as her youngest daughter.

I interview her while Caso Cerrado *is streaming on the television. When* Caso Cerrado *ends, we turn off the television because we both hate* Al Rojo Vivo. *Adela jokes, saying no woman in Latin America wakes up all done up and glamorous the way they do in novelas. It's true.*

On my 13th birthday I asked my grandmother for money to go to the movies. Of course, I didn't go to the movies. I went walking downtown, figuring out where all the locas hung out in Camagüey.

At around the Casino Campestre, a park with plenty of fountains, I had seen a few locas, a few faggots, people who I know to this day: La Yoya, La Mayami and some other weird locas. Those were my first contact with Cuban faggotry.

At the time, *What's Up Doc* with Barbara Streisand had just come out, and I was wearing the same Sherlock Holmes' hats, looking like a total jeva. I'd cruise in my beige bell-bottoms, a flower blouse, and that little hat sewn by my grandmother. Downtown there were different areas where all the faggots congregated, and little by little I came out looking for them because, remember, I was in boarding school.

The Casino Campestre had a fountain in the shape of a swan that spat water out of the beak, and there all the locas would get baptized. An older loca would baptize you. She'd wet your hair and forehead with water, pull your head back, and pray, With this water we are turning you into a faggot! I was baptized as La Chica Terremoto. My godfather became a bugarrón named Candelita and my godmother, another loca. We were 14, 15 years old sitting at that park, modeling all the clothing we had: And now comes Fulana with that stunning dress! In our heads it was wonderful.

During March of 1980 the problem with the Peruvian embassy was happening in La Habana, right? There were rumors that people were already leaving for the US, to Miami. Wasting *no* time, some locas and I went to La Habana directly, to a government office where we were told to return to Camagüey because each city was going to open its own immigration office. Mind you, Camagüey is nine hours away in guagua from La Habana. We went back and that same night I got ready; I went out into the streets and recruited faggots: Niña! Tomorrow they are opening the office to go to Miami! The next morning I was one of the first people to show up very early at immigration. When the office opened the workers couldn't believe all those locas outside. They told me I needed a paper that proved I was a homosexual, ah? Dime tú! So I went with Mami to the Military Draft Office because I already had that kind of paper. In Cuba, when you turn 16 it is mandated to sign up for military service. You show up to a stadium packed with thousands of boys who remove all of their clothes and place them in a bag. And I planned all this: The day I went I shaved

my legs, borrowed one of my Mami's panties, and when all of the boys stripped themselves naked I left my panties on. The man checking everyone asked me, And why don't you take that off? And I said, Because I'm not going to be naked in front of all these boys! Immediately, he sent me to psychiatry where another man looked at me with a smile and a big, Ohhhhhh! came out of him, then a, You know this is the military not the Confederation of Cuban Women, right? He stamped my identification with a big HOMOSEXUAL. And *that* was the paper I took to get my passport as proof that I was homosexual so I could leave Cuba.

That was like May 6, 1980. We were supposed to leave the next day at two in the afternoon from a military base in the outskirts of Camagüey. But, niña, we were there and it was 2 p.m., 3 p.m., 4 p.m., and nothing! The lieutenant asked us to leave and come back the next day. Right outside the place, which had once been a rich person's farm, there were countless Castristas waiting to beat us up, a guacatazo limpio! We got into a truck meant to escort us out without these people seeing us, but the truck stopped in the middle of the crowd, everyone screaming at us, Faggots! Beating up people. And while I was trying to walk away unnoticed someone saw me and praaa! A guacatazo limpio, niña. I fainted from the beating. I got to Miami with my ear all cut open. Lieutenant Lara picked me up and allowed me to stay inside the military base until the crowd faded. I couldn't call my house because they thought I had already left and the farewell was too dramatic, everyone crying, Ay ay ay, because I was leaving forever. So I left the military base seeking refuge at a loca's house, Francisco. All of us had built his house, a tiny cute place where we fucked the military people from around there. Francisco wasn't home, but I broke a window, took a shower, washed my white linen shirt, and fell asleep.

Meanwhile, my friends had gone to Mami, telling her, Orquídea all this happened! Mami, crazy as she was, went searching for me at the morgue and hospitals, They have killed him por Dios! She finally found me at Francisco's. I think someone overheard me saying I'd go there. All my girlfriends and Mami pulled me out of bed saying, Niña, the guagua to La Habana leaves at 5 a.m.

Mami gave me 400 pesos that I had to throw out of the guagua's window because we couldn't take money or anything with us. We

were taken to Cuatro Ruedas, where they handed us safe conducts stating that we were all at the Peruvian embassy, which was a total lie. From there we traveled to El Mosquito. El Mosquito was a port near Mariel improvised to prepare us for departure; I cannot even explain to you how horrible El Mosquito was. It was a beach packed with people, criminals, and I spent eight days there. Imagine, eight days without showering, shaving, or eating. I remember this like a delirium. I remember this kid had a coin to call his family when he got to the US, and the dogs smelled it and Castro's men threw him to the dogs. People stole. This was my first contact with the world unprotected by my family or anything. I was in Cuba but I wasn't really in Cuba. Six other locas were with me, we came together all the way to the US. Rumors circulated of what could happen once we were at sea, like we'd get thrown to the sharks, or sent to a concentration camp to work for the rest of our lives. You really didn't know where they were taking you.

I passed out in the ship inside the house covering the helm. A woman gave birth on that boat. We weren't given food. After eight hours, I heard the coastguards shouting in English.

And, oh Dios, it was Key West.

Women from Miami reeking of Uncle Charlie's perfume greeted us screaming: You're in America, don't be afraid! They'd give you a rosary, cigarettes, and Coca Cola. Then you entered an immense structure with tables and tables stacked with food. Hot food, Cuban food. Niña, I'm telling you, tons and tons of food. I made myself a ham sandwich with a *lot* of ham. Immediately, they'd filled out your I-95 that gave you a refugee status: You can't lose this paper! With that paper you'd get a brochure of the Virgen María and La Virgen del Cobre and another rosary. I have it all saved. Further down, another huge structure packed with donated clothes. But I felt exhausted and just passed out for a minute when my girlfriends woke me, We are going to Miami on the next plane!

But, not Miami. After 15 minutes in the air a voice came on the speaker, *You're flying blah blah Arkansas*; the only thing I understood was Arkansas. We arrived at Fort Smith, Arkansas. I was hysterical and a little scared because from the airplane's door to the guagua were federal police lined up with machine guns. The

guagua took us to Fort Chaffee. Fort Chaffee was built to train the military during WWI, immense with churches, hospitals and everything. Even a laundry room and cafeteria. There you swore your allegiance to the flag. The Red Cross gave us little hygiene packets, Man or woman? Give me one of each! I said. With that, they assigned you a building. 1412 was mine.

I spent a wonderful month and a half there; I got married several times, cruised and fucked a lot. That's where I fucked that kid with the tattoo *vaja y gosa mi savol* (drop down and enjoy my flavor) all misspelled and with an arrow pointing to his dick. His dick *this* big.

But you couldn't leave Fort Chaffee until you got a sponsor, so my friend Lucy got us out of that place. The Catholic Church gave each person $100 and a plane ticket wherever you were going. We—Carlitos and I—went to LA. There we learned Cubans were getting sponsored at the LA Gay Community Center, and it was at the LA Gay Community Center where we met our godmother and fierce-faggot-queen Rolando Victoria, may she rest in peace. A wonderful, funny alcoholic who took us under her wing. He got me a job at Neiman Marcus wrapping gifts. I lived with him from July of 1980 until March of 1982.

Carlitos left with a Mexican husband and I stayed with Rolando. The year of my anniversary in this country, Rolando, Freddy (a Puerto Rican–Cuban choreographer), y Manuelín (a Cuban faggot and Diana Ross' personal assistant who would bring money in small booklets and rip the pages like they were food stamps, but no! It was money) took me to a place called La Plaza, the equivalent of, say, Esta Noche. I dressed as a woman for the first time with them that day. There I saw the first drag shows, the first drag queens. Bellísimas.

On October 23, 1983, I arrived in San Francisco with my friend Catherine a few days before Halloween. This was the first time I lived in the ghetto, the Tenderloin, right on Eddy and Taylor. At the time I was dating Alicia. A bunch of Cubans and Alicia lived in that apartment; we slept on a mattress made by pillows in the kitchen along with mice. I'd stay home and Alicia would work and bring in thousands of dollars. I was kept for a while. This was the first time I went to The Endup, I walked on 6th Street, fascinated

by San Francisco. Then I got a job at a hotel where everyone was from the Philippines, and we had some communication problems with our accents.

I enrolled in hairstyling school, and there I won a contest to be trained in New York. I left for N.Y., and when I came back Alicia was smoking crack. Of course, I didn't know this. It was 1986, I worked at a hair salon. A lot of things happened, and one day Alicia told me she was going to work and disappeared. I searched for her everywhere, and then out of nowhere she called me and said, I found what I want, you faggot, go suck some dick—all in pure Spanish. I sent all her stuff to her family in West Virginia. By then we were living on Post and Larkin. Doing drugs, a little too much.

I worked in several places in fashion design, but mainly cutting hair. One of those places was a tiny hair salon over there by the avenues, working with my girlfriend Jorge Luis and three other fags. Actually, it was a hair boutique, only by appointment. Three of the fags died of AIDS and I was left alone, so in 1989 I moved back to LA, and *that's* when Adela was born.

In 1991, I came back to San Francisco from LA as a young woman, already as Adela, and began working at another beauty salon. At that time I didn't have a lot of transsexual friends. I worked as a hairdresser with Victor Gaitán, who came up to me and said, Adelita, I need you to help me out with a project for the community. At that moment I was truly skeptic about community stuff. I told him I didn't really want to get involved with the community; I came from a communist country and that didn't appeal to me. And he said, This is different, this is a contest and I think you could win. I didn't even know who I was going to be competing with, not even what was supposed to happen in those competitions, but, Okay, I said, Let me get ready for it.

It was during the Delight trend; I was totally cute and I dressed a little like her. I went with Victor to the rehearsals, a bit shy. Anyway, I bought some fabulous dresses at a secondhand store. My hair was down to my waist so I made an immense bow the same jet-black color of my hair, then placed it on top of it so people wouldn't know, they couldn't imagine, that I was coming out with that kind of extravagant hairdo. I was gor-ge-ous, a little scared of

the contest, but I won. From that point forward, my involvement with performance and community truly began. It was 1992 and I was a girl, considering I am still very young.

When I won Miss Gay Latina in 1992 the AIDS epidemic was still strong. There was no pill, none of those meds we have today. I did my show at different places; I performed at a hospice where people went to die, and that's how I realized that there were a *lot* of us, niña, that trans people were not organized, and there was nobody representing the Latinas as a community. For instance, in hospice trans Latinas were not allowed to dress as women. They'd be there dressed as men. I mean, it wasn't that they didn't let them, but the place was not conditioned for them to be who they were.

So I said to myself: Okay, Adelita, mama, you need to do something.

That's when this lady, this Mexican drag queen, this boy who dressed as a woman, this person calling herself La Condonera, appeared in my life. A communist Mexicana giving away condoms in the streets—I don't even know where she was getting those condoms from—but she'd go out at night where the prostitutes and the drag queens were and distribute the condoms. At one of these activities she saw me performing and could *not* stop herself; she quickly went up to me and said: Mamita! I want you to work with me. He wanted me to go all dressed up with him to the streets.

Well, at that moment, I was trying to get out of the hair styling business because it was driving me a bit crazy. When I started working with her I realized there were a few other people I could recruit, so I recruited Alexandra. At that time, Alexandra had just graduated high school, a pretty chubby Puerto Rican girl. She was 18. After Alexandra, I recruited a Salvadorian loca, very tall, and another kid who is around somewhere. There were four of us. We were called Las Atredivas, a group of transformistas—let's say female impersonators, I like the phrase female impersonator. The group was my idea, and Hector León, La Condonera, had the connections, because he was involved with Proyecto ContraSIDA. Proyecto ContraSIDA was located on 18th Street and Dolores, where the ice cream shop is now.

Las Atredivas spoke with Gustavo Arabioto, an HIV coordinator for an organization of the time. He also got involved. He connected me with the bartender at Esta Noche, this beautiful Puerto Rican boy who died, who asked the owner if we could perform there. I proposed to them an Atredivas show that began at 1:30 a.m. They used to have a license that let them stay open until 4 a.m. on Saturdays, I'm not sure if they still have it. All the alcohol money Esta Noche made during those 30 minutes was theirs, but all the money from the covers at the door was mine, and I donated that money to Latino agencies. *Suc-cess!* Word got around as I told my friends who hung out around the area, many were straight, and so the bar would fill at 1:30 a.m. with a completely different crowd.

That's how people began to know me. Immediately, when Proyecto ContraSIDA saw me doing this, they recruited me and offered me a job. They trained me. Because back then I didn't know anything about community. I was scared people would call me a communist. I was the first trans Latina employed to address issues of HIV in San Francisco.

This I'm going to say solely from my own experience: When I arrived in this country and saw the first transsexual women, I was like, Wow. When I saw Zulca in LA, for instance, strolling down Hollywood Boulevard, I looked at her and just staaaaaared, what the fuck shame! I didn't care, I was fascinated. A tiny waist like this and the wide of Zulca's hips is all this. All silicon. A very beautiful monster. She is a marvelous person that Zulca, with a wide knowledge about all this! It was like talking with The Guru of Transsexualism. That's when I began to transform myself, to transition, with her and Francis Lopez, who is a great puta. Wonderful, Francis. The bartender at the transsexual bar in the middle of the Tenderloin, before Divas.

So I never went to the doctor. In *that* trans Latinas hold the power because they bring their hormones from Mexico. During that time there wasn't that thing where you could just say: I'm going to make myself a girl and go to the doctor. *No*, child. I'm not sure how it was for the white girls; I think they could because there was that problem of the gatekeepers. But I, personally, never heard about that. Going to the doctor, pleaaaaase. This is what you did:

You went with an older loca that advised you what hormones to take, two Perlutales with this and that. For example. They gave you fantastic recipes and you'd try and see which one worked for you. Some would turn you hys-te-ric! We got them through the black market, contraband, or through another loca who would bring them from Mexico. All the hormones are is really strong birth control that turn you into a beauty. So-much-tits.

It's great that now doctors intervene, because the problem with all of this is that people get sick, they get cancer in their brains, for example. When I began working with the community I saw horrors, child. I've seen locas shooting straight to their tits, just-like-that, shooting the hormone *directly* in their tit, which can provoke cancer.

And then there is silicon. Silicon is also *very* Latino. Very, very, Latino. Silicon for me is something truly strange; medical silicon is from South America and that's why the locas Latinas are super involved in this, because it was brought from Venezuela. But, I'm telling you, something happens with silicon, called "silicon warming," in which people rot and die when that explodes or they can get bone cancer. Why so much silicon, mamita? There are people all made of silicon and then, imagine, the body tries to get rid of it. Now you can buy silicon in that tube used to close pipes, a clear liquid, and then add baby oil. And you inject that. The body absorbs the baby oil and then you are left with a piece of solid rock stuck up your ass.

Latinas are still injecting silicon in Mexico. When I was a hair-dresser, I worked with a person called La Chubidu, a fat blonde Nicaranguense. And La Chubidu died of bone cancer because she was at a contest in Mexico at a bar and she *really* needed to win that contest, and there was a loca that told her that with aceite de guayacol (guayacol oil) she could do herself quick. So before going on stage, La Chubidu told another loca to *make her* with aceite de guayacol and that's what the loca did. Okay? But you cannot inject that, so she died.

Before starting my work with Proyecto ContraSIDA, Tamara Ching asked if I wanted to represent trans Latinas at the Human Rights Commission during a meeting at City Hall. At that time, transsexual people got disability because transsexualism was seen

as a mental disease, and I thought this was horrific because in a capitalist country when they give you disability you don't count because you are not producing. What they want is for you to die so they can stop paying you. Okay, it is not like that, but, basically, it is like that. I went there to protest.

One of the first things I advocated for was the number of people in the Latino community that don't dress as women but *are* women. Tu sabe? These loquitas that have their woman's name, don't take hormones but are *fierce* tipas, and have to be respected as women. That happens a lot in the Latino community. I was bringing these issues to the forefront and people were realizing what was truly happening inside the community, that it was all around us. And Proyecto ContraSIDA, you know, stood in a fantastic location: 16th and Mission, the Mecca of transsexualism and faggotry.

After Proyecto ContraSIDA, I worked at Tenderloin Resource Center; I got fired because I told the director, Stick this job up your faggot ass. Then I worked at Glide, wonderful people. Afterwards, I worked for a while at The Ark of Refuge and at the Iris Center, which is a drug prevention program for women. After a year and a half, I returned to The Ark of Refuge because they offered me more money. Later, after nine months unemployed, I worked for Trans Thrive, which is a wonderful Asian Pacific Islander program for transsexuals. And on October 16, 2008, I started my work with Instituto Familiar de la Raza as a clinical case manager for their HIV program, Sí a La Vida.

Anyway, did I mention Consuelita del Río? Ay, mama. Consuela del Río was my godmother during all of this. She was a pornographic artist and one of the trans mothers. There is a movie made about her. But, you see? What happened with the history of all these wonderful people, where did it go? She died. Consuelita Del Río had a tremendous cock and would fuck men in the ass with no shame at all. She was a sex worker, my godmother. She'd also fuck trans women. Consuelita was like 6'8, mujerona, with big tits. She gave me wonderful advice: Do not start desperately injecting silicon everywhere, you are very pretty like that.

Alexandra Cruz

Bayamón, Puerto Rico

Date of Arrival: October 15, 1989

When Alexandra opens the door, Chichi, her dog, jumps in circles excited to see me. We walk through a narrow San Franciscan hallway until we reach her room. She apologizes for the mess, and shows me a clip of a documentary where she was interviewed. Is this interview going to be like that? She asks. Then she says, Well, mami, let me tell you a story...

Alexandra is the oldest of Adela's adoptive daughters. We met during a Thanksgiving dinner, years ago, but haven't seen each other for a long time.

Alexandra was born in Bayamón, Puerto Rico, and moved to San Francisco when she was 13, on her own, to find her father. Chichi lies on Alexandra's lap as she tells her story. Then we move to the living room where she shows me a video of her 12-year-old girl self, competing in a dance contest in a Puerto Rican television talk show. Those are all my cousins, she says, pointing to the back-up dancers, My mom didn't know I was competing and found out after watching the show. Her blonde hair is up in a bun; it is hot outside, and when I leave her apartment Chichi sits outside on the steps with her.

I arrived in San Francisco two days before the earthquake of 1989 looking for my father. I'm originally from Bayamón, Puerto Rico. My grandmother sent me to San Francisco on my own at 13 years of age and with $200; when I got here I told the taxi driver, in English, Take me to downtown San Francisco! He dropped me off at 9th and Mission.

After a few days of paying the daily hotel fee I ran out of money. A woman living in my hotel dressed me up and said, Honey, you wanna make money? Quickly, she introduced me to prostitution.

Frankly, I spent more time with Americans than with Latinos when I first got here because I worked the streets, and really wasn't

interested in community but focused only on making money, paying my rent and eating. I didn't think of much else and I didn't speak any English.

My first client paid me $50, and I was super excited: Imagine, that was a lot of money for me and that's how I made a living for myself. At 16, the police caught me sucking someone's dick in a car and locked me up. But I was a minor, ve? And when I explained my situation to the police they found my father. My father was a gay man. He wore women's clothes but didn't have breasts or anything, wasn't even taking hormones. When he enrolled me in high school I quit prostituting, and yet I only spent three years with him because, may he rest in peace, he died of HIV.

I stopped communication with Puerto Rico for 12 years. I didn't speak with anyone for 12 years because I was mad that my mother preferred my stepfather over me. My mom married like six times. My grandmother from my mom's side was the one who sent me looking for my dad, I guess she knew because she was the one who raised me.

I was born in New York in the Bronx and my brother was born in Texas because my dad was in the Air Force at the time, so we'd travel from military base to military base. When I was five years old, we moved to Puerto Rico with my mother. Then her husband tried to rape my brother and me, which is why my relationship with her didn't last. But this stepfather was a policeman who'd grab our hands and hit us with a belt. And this bothered me, that he'd just beat me. Sometimes, for instance, I'd raise my pinky, and quickly he'd beat me. I remember being forced to watch pornographic movies to see if I'd turn straight! Ah? How stupid! I mean, I had my doubts deep inside because I felt so different, Dios mio, why do I have all these reactions to boys? And my cousin, I was in love with him. Imagínate esto, in Puerto Rico, is a huge taboo. To top it all, my grandfather was the pastor of the Pentecostal Church; they were all Christian and I sang in the chorus. One day my mother caught me playing with Barbies and she threw a fit. She hit me, again! And that was it for me. I said *ya*! I can't take this anymore, I'm tired! I slapped her so hard I think she lost a tooth. I gathered all my things and that day I left, and up to this day I have not been back. I left to escape, but also looking for my father. My

mother had said my dad was dead, but now I understand why she hated me so much when I was little: Because she caught my dad with another man in bed, and that image stayed with her, and if I remove all the makeup from my face I look just like my dad. I reminded her of him.

My father's death was very traumatic for me because he died in my arms. I kinda lost my head. I lost consciousness and was homeless for three years, sleeping in the streets. I remember waking up one day, asking myself, What am I doing here? This is not for me! And quickly I went to one of those bathrooms where you put a quarter in, took a shower, and out I went to whore it down. The first client gave me $5,000 dollars. Quickly, I rented a hotel room at The Henry Hotel down on 6th and Mission and lived there for the next two years.

It was then that I found out Proyecto ContraSIDA Por Vida had an opening for a transgender outreach worker. I applied and got the job, gracias a Dios. I lit Santa Bárbara a candle and it worked out. My work consisted of distributing condoms at night inside hotels to my girlfriends, to all transgender girls, and giving out information on HIV. Many of the new girls arriving from Mexico were having sex unprotected, and this was an effort to prevent them from getting HIV. This was the beginning of the 1990s. That's when I met Adela, at Proyecto. Adela and I got to talking and organized a group to perform at midnight at Esta Noche, we called it Las Atredivas. I was also working at a hair salon. I'd work at Proyecto during the day, run to the hair salon in the afternoon and cut hair, then at night work the streets. I was making money because I wanted to move. After that I got my own apartment.

I never truly experienced a "gay" life because I was never a gay boy. I was transgender from a very early age and Adela was my mother. Adela Vázquez, whose artistic name is Adela Holiday. Mine is Alejandra Delight, but my real name is Alexandra Cruz. At 13, I began taking hormones; it was easier back then. There was a lot of money for programs at that time.

Frankly, at that time I was very involved with drugs and in love with a boy. I lost myself and would give my partner priority. I abandoned myself. I've always been a person, like you say in English, "needed

of love." You know, being transgender for me has been a bit hard. How can I explain this? Finding love is hard. People close doors on you, they don't give you an opportunity. I've been discriminated against for having been born a boy and because, say, my voice is hoarse. And my family obviously discriminated against me because they are Pentecostal Christians.

Afterwards, I worked at Finnochio's for eight years as a female impersonator; at the time I weighed 365 pounds, mama. Finnochio's was a cabaret on Broadway. Then the place closed because the lady owner died and the grandson sold it. After Finnochio's closed I left for Los Angeles looking for my partner. He was gone and I couldn't find him anywhere. One night I was working the streets when my girlfriend Carla says to me, Alejandra! I just saw your husband in LA. And I said, Oh, si? And quickly I took her to my house, asked her, How much do you give me for everything in here? She gave me $200, and sold! I grabbed my money and left for LA. What had happened was that when I was homeless this man really stole my heart because every day he came to see me. He'd take care of me. When I was hungry he gave me food. He behaved like such a gentleman. Tu sabe? He wasn't a handsome, worldly man. He didn't have a dick *this* big, but he stole my attention, and sometimes that's all it takes.

When I got to LA I looked around me, frozen, not knowing what to do, where should I go? I'd never been to LA. But, mi vida, angels are everywhere. Out of the blue this guy asks me, Hey! What's the matter? And I told him my story. He said, You're in luck! That he is the manager of a hotel and will give me a room two nights free. Said and done! The next day I grabbed my backpack and went door-to-door looking for my man with a picture of him. Hey, have you seen this man? I'd ask every person. It took me three months, but I found him.

I came back to San Francisco to a hotel on Polk and Eddy. I can't remember the name, it's no longer there. I lived there for a year before I was kidnapped, raped, and thrown onto the freeway. That's the downside of sex work, you never really know. I underwent the greatest trauma of my life. After I was released from the hospital I went to live on 9th and Mission, and in 2003 I decided to go back to school, so I enrolled at City College. I learned how to write

because I didn't know how to write, and my reading wasn't good either. I finished my degree at City College in fashion design. I have my diploma somewhere.

I've stayed in San Francisco because the city helps transgender girls a lot with surgery and hormones, but frankly, I'm scared of going into the streets. The man who kidnapped and raped me is out in the streets, ve? He's not locked up. If it wasn't for my dog I wouldn't go out. Now I am doing a theatre show at The Garage. I'm also sewing and cutting hair, but if I get a call to work in construction, I do it! Or plumbing. I do it all, mi amor, everything that's money. If you want me, I'll clean your house.

Manuel Rodríguez Cruz

Brooklyn, New York

Date of Arrival: N/A

We're seated on a couch in the living room on the third floor of an apartment building near Geary Street and Masonic. Manny has come and gone, heating up coffee for both of us, while telling me he spent the entire morning tidying up the apartment to see me. Everyone who lives here is in rehab, he says, sipping on coffee, then adds, How long are we gonna talk? There's a window behind him where buildings shine in this mid-day sun.

I met Manny long ago during one of my late-afternoon chats at Adela's. He's known Adela since the late 1980s and used to live downstairs from her. Every week Manny visits Adela and sometimes we see each other there; we eat together, watch Caso Cerrado. *He's more of a quiet type so it's surprising to watch him retell his life with such energy. Manny was born in Brooklyn but spent most of his teenage years in Puerto Rico, where he moved after his father bought a house for the family in Orocobis. Every so often one of the roommates comes into the living room, and Manny remarks that after being homeless he's comfortable living here: This sea of wood is my home now.*

I imagine my life has not been boring. You want coffee? Have you been to Parada 22 on Haight? It's Boricua food. Yes, next to Cha Cha Cha.

My entire name is Manuel Rodríguez Cruz, but people here don't use the Cruz, so only Rodríguez. It's a shame because my mother did all the work. My sisters and brother have it hyphenated. Bueno, I go by the artistic name of Mannix, like a take on Manny.

I was born in the City of Nueva York on March 22, 1961, and grew up in Brooklyn with my mom. I have two sisters and a brother who is a year younger than me. One of my sisters lives in Tacoma, Washington, and the youngest one—she's like 41 years old—lives in Puerto Rico with my mom. Yes, my mom eventually returned

to Puerto Rico and that, to be honest, killed me because I wasn't ready for that change. When we're all home we speak Spanish, but everywhere else we speak English, so sometimes I switch back and forth and I can't even tell, tu sabe?

Bueno, in Brooklyn we lived in a beautiful neighborhood, I think close to Prospect Park; anyway, it was close to a park that we'd cross to go to school: P.S. 39 The Henry Bristow Landmark School, where I had a nice beginning. My brother and I would cross the park and sometimes it snowed. At that time I was a little smart-ass, and then, I don't know, maybe the drugs fucked me up. I was a little instigator from an early age, como siempre, you see, I've worn glasses ever since I was three, so imagine the tiny bottled cubes I had for eyes, and all teachers grow fond of pitiable kids, never suspecting me of being the mastermind of trouble. Once I even got my mom into a fight in the schoolyard pulling someone's hair and everything.

Our apartment building was gorgeous, five stories with a backyard. Ours was a two-bedroom apartment that in hindsight would be really nice now. Our bedroom had bunk beds that had to be separated because my brother and I fought like crazy, a patada limpia. My mom and dad slept in the other room. So I guess my sister shared the room with us. I'm the oldest of the boys, and the youngest girl is the only one who doesn't speak fluent English like the rest of us. The floor in the apartment was white linoleum with huge clowns and balloons all in primary colors that induced night-mares because it was very bright, tu te imaginas? The wallpaper in our living room was velvet with red flowers because my dad was horrible at decorating, which is probably why I take decoration so seriously. To this day I love furniture and moving stuff.

My best friends in school were two twin black boys: Kiwi and Walter. Kiwi and I were close, Walter was more serious. We played on the street, on rooftops, kicking the can, and during summer with water balloons. Coney Island right there, just beautiful. And yet, I didn't have a good relationship with my dad and one day he just left for Puerto Rico.

And, a todo esto, I think my mom, being Latina, denies it. They could kill her before she would admit this, but to me my dad left because he couldn't handle the responsibility, drank too much, and

couldn't keep a job because of his temperament. So my dad left for Puerto Rico first, supposedly to find us a house in Orocobis. Orocobis is in the center of Puerto Rico, and my mom, my grandmother, and all the thousand tíos and tías I have, are from there. My mom then got us food stamps. By herself, she looks all solita but she is one heck of a mujer.

I was 12 years old and in sixth grade when my mom got a call from my dad saying he'd bought us a house. This was the only time we lived in the Bronx, on the same block as all the Puertorriqueños, and it was brief, un ratito nada mas. Immediately, she got us plane tickets and we left. I don't know what the story truly is 'cause I couldn't stand my dad so I blocked that shit out. And it is a shame, really, that we left New York, because my school was beautiful: It had a piano, and for an inner city school they were way ahead of their time.

I remember my arrival to Puerto Rico the first time because it was so otherworldly. On the one hand, you got these little frogs that sing all night, Coqui! Coqui! Coqui! Millions and millions of them. You have roaches that fly, mosquitos like helicopters, and I guess my auntie did well because her house was really pretty, air-conditioned, the rooms with screens on the windows. We moved in with my auntie (my mom's sister), her husband, and daughter. I remember being 13 because I had my first asthma attack at my auntie's house in Santurce. I don't know if it was a combination of my auntie's cat and the weather. I think it was just the weather that got me sick.

In Santurce I enrolled in school with my brown and beige suede shoes thinking I was going hard, because when you're coming from somewhere else, everyone thinks you're cool and scary.

From Santurce we moved to Orocobis, where my dad had bought a house inside this small development called La Altura de Orocobis. A few years later La Altura de Orocobis was found to contain all kinds of asbestos, and people got plenty of money—except my dad. En Puerto Rico I went to school from sixth grade hasta twelfth grade and graduated from that school, and, by the way, my tía abuela who raised my dad still lives there. She lives in a Canferio, you know what a Canferio is? It's like a mall or a Japan Town.

My mom moved us away from Orocobis because she got tired of my dad. We left for Bayamón, and then to Río Piedras. Río Piedras was the prettiest, where I used to babysit my sister and make her cry by throwing shit at her when she pissed me off. Río Piedras fue una maravilla; in school I wore a uniform and nice pants that were grey or blue, depending on my mood because I always did my own thing, always against the rules. Eventually, my mom left for Florida with her sister and lived there for many years. Then she got tired of esa mierda, of being a nurse, and returned to Puerto Rico, and little by little she's been able to fix that house that had holes where water got in.

But, tu sabe, my dad was never there for us. I've blocked out everything that has to do with him because he was not cool with me, ese cabrón. He joked around, drank big time, spent all the money, but, anyway, then he died and I never made peace with him. He decided I was a faggot before I knew I was a faggot, and that bothered me terribly—I should have sued him. And just to fuck with him I'd be all feminine, like pao! Like Iris Chacón. We would watch her show in the living room; my dad would look away towards the backyard and I knew he was disgusted to see me like that. Not everyone is this way, but I am, I never got out of the closet. But if *you* thought I was a faggot then probably my family always noticed too, right? I am part of those Latinos whose families know but don't want to know. It doesn't help that I'm not married. Pero nunca es tarde mientras la dicha sea buena. In Santurce, for instance, there was a beach, a very gay beach, where I'd spend my days burning and cruising real hard watching men in their bathing suits.

I'm not sure when it all started—sometimes I get these flash-backs—but ever since I was a kid I've liked dick. Not in the way some desesperadas love it. No. And I don't have a lot of sex. I'm still a virgin and I plan to keep it that way. I went to gay clubs because I like to party, it had nothing to do with gayness. I've never identified as a woman, sabe? Not me. I'm not one of those guys who has a woman trapped in them; I enjoy being a man and I like pinga, but I'm not necessarily good with it. There are some who are crazy about swallowing it or sitting on top of it; I can do without all that, really. Y de buenas a primeras I look around,

I'm 52 years old and haven't really accomplished much—and yet I think of the glass as being half full.

Now, pensándolo bien, I think my parents knew I needed glasses way back in Brooklyn. Because we'd go to the beach and every single time I'd get lost and my parents had to pay the boardwalk police to find me, and it would ruin the outing because my dad didn't have the patience. Pleeeea-se. What a douchebag. But he loved my nieces, his grandchildren—he loved them. And when I saw a picture of him really old and heard how he spent his last days, well, there is a high probability I may have the same fate. I can't stand him, but we are so alike. The resentment exists because my little brother was the talented, good-at-sports kid, and I was like the cheerleader. They used to make fun of me en Alejandrino because I was a paperboy in Río Piedras.

Bueno, volviendo a Puerto Rico, before Río Piedras, we lived in Bayamón, it is not a metropolitan area and there's no 24 hour public transportation—where I spent hours and hours empaquetándome, getting ready to go clubbing: Ironing my shirt, blow-drying this hair, wearing the binoculars I had for sunglasses. I also had acne and I just wasn't pretty. I mean, I never really felt pretty. And my brother is very handsome. But I don't care, no me importa esa mierda, because my mom loves me, I'm her favorite.

Going to school was horrible, bothersome. In Puerto Rico there are these little vans that pick you up and you have to wait until they are full but it's so hot you're dying and you just want to *fucking* go, and of course the driver wants you to say you'll pay all the fares, which is as much as a taxi is here in San Francisco. We call them "guagüita," because they are truly "guagüitas." I dropped the ball with going to school, I really did. I don't have anything to compare it to, but my life could have been different. Pero tu sabe, I'm not mentally stable and I don't give a fuck, okay?

How much longer do we have?

After college I was part of a directiva doing traditional Boricua dances for the holidays. There I stole money from inside a little cookie jar. I went to college for computer science but didn't understand a thing. I was really smart in math until I decided to major in computer science, de verdad. This is when computers were the size of this room, if I had known vieja! That they'd bring so much

money! I'd have stayed there. I dropped out and went to an Institute of Banking and graduated with a Commercial Teller Certificate. Imagínate, I've worked in many banks but never as a teller.

In school most of my clothes were stolen because my dad was very cheap. My glasses broke and I had to put tape around the edges, which is why there is no high school photo of me: I just wasn't having it. And yet, I had cute little outfits, went to a lot of parties, had me a good time, and my mom, who is a seamstress, made me a shirt out of a toga.

Then I left Puerto Rico for New York. I'd returned to the city to live with my alcoholic uncle for a minute. Pero niña, I started way too young, way too young; I was around for Studio 54 and for a club called Stars, which was a penthouse with a large pyramid inside. Leighton Beach en New York had the coolest music and the guys were fine. Right across from it there was another beach with more bars circling it and these little queens and faggots encueradas—naked, with no bathing suits. And I'd walk up and down, dándole paleta. I've never been good at cruising, so it was a waste of time. But still, in New York I'd go to the trains, oh girl, to the pier and watch. But I've never been in a real relationship; I've hustled my way around. Gay for pay, it's how I got to San Francisco: I picked up someone while living under the boardwalk in New York. Not until recently would I have considered myself a hustler, but I am. I'm a fucking hustler. I'm jumping back and forth, but basically I lived in New York, picked somebody up in Brooklyn, and moved with him to Albany. With him I moved to San Francisco in 1989, to East River Drive, which is medio fancy, but then he died a few months later.

That's my thing: I pick the true pendejos who, when we move in, think we're married. Why is it different? That stickiness, them wanting to have sex all the time, you know? And sometimes I'm not in the freaking mood. I don't know why people think that because you are a faggot you want to suck everyone's dick. Maybe that was true at some moment, but now I'm rigid. Sometimes I think something must have happened to me, something terrible that I've blocked. Pero tu sabe, then I look out this window and see the beautiful San Francisco architecture and say: I'm blessed to have this. I'm in rehab, but it's a great place. For me.

When he died I did my own thing, flew high, pao! And then there was no stopping me. I got this cute little studio on Geary Street, 535 Geary, I knew all the clubs, went to The End Up and other clubs escandolosos. I had a moped. Then I lived on Bush Street, between Hyde and Leavenworth, for a minute. I always wanna know where the sleazy places are, so I used to hang out on Polk Street a lot at this place called The Giraffe.

But nothing como en Puerto Rico. Oh god. Tu sabe, at 15 I used to hitchhike, just to see where people would take me, and one time this guy drove me to the middle of nowhere, pulled a gun out and put it against my cheek. My guardian ángel that I've had since birth saved me, the son of a bitch left me there, and I had to walk in pitch darkness with dogs following me until I found a house, knocked, and in a soft voice told the owners to give me chavo. Have you been to Puerto Rico? Ay niña, Puerto Rico is a total maravilla. Bueno you know San Francisco is spectacularly beautiful and you never get tired of it; when you think you've seen it all, new things arise. And I've always worked, I'm always working, with my little bit of crystal and my little bit of weed, always very discreet, more discreet than I would like because of issues that I'm working out with my therapist.

At some point I lived on 14th and Minna in San Francisco. What-an-apartment, with two bedrooms. I loved living there, but I was out of a job again and again. I worked at a hotel, then at the California Pacific Medical Center (at the time Pacific Presbyterian) as a phone operator for thirteen years. It would be nice to do it again, although, on the other hand, you need to be constantly challenged, otherwise your brain falls asleep. Pero nada, always partying, party, party. Partying has been a huge part of my life. And when you're high you want to have sex, but I'm not a nymphomaniac like others. People who have to masturbate three times a day, you know?

Bueno, so Adela entered this partying loop sometime in the early 1990s and she incorporated so quickly and easily. We lost touch for a while; I never saw her perform ni nada de eso, I met her as a boy, and then we saw each other again once on Mission Street, and it was like riding a bike. I enjoy going to her house because nobody

makes me laugh like that woman, and if Catherine is around I can't do it, no puedo, I get asthma attacks: That *tongue* they have, my god. I loved living downstairs from Adela, too bad the neighbors made it a bad experience, but I lived with her upstairs and Tony on the other side, niña, for three years. But because of issues with my unemployment, you know if they suspect you're cheating them they cut you and make you go through a sea of troubles. For six months unemployment services stopped paying me and the landlord ran out of patience and I got thrown out of that apartment, pa' la pinga. I'm lying. First, I went to the Eviction Defense Collaborative, they paid the Chinese lady, and *then* she kicked me out. But living there was fun, I was doing stuff. Both Adela's and my apartments were the prettiest ones; I'm almost sure hers is more spectacular.

Entonces, once out of that apartment I was homeless for a while and then moved into a shelter. I felt depressed, didn't know how to get my life started, and so one day at 5 a.m., thinking I had pneumonia, I went to see a doctor. While she checked me I joked around with the nurse, but I truly looked horrible, and I told her I wanted to rip someone's head off, stab someone. She quickly left the room, came back with the doctor, and I got a 5150 for 72 hours. Sabes, if you say certain things to doctors they have to hold you. I was then transferred to an ADU program, a great place, and finally to La Posada, a rehab program, where I relapsed two or three times because I smoked and fucked around. At least right now I have more control over myself. No hay quien me pare, no one can stop me. Y pa' lo que falta que venga el resto. I've considered moving out of this place because it's so expensive, but right now I'm enrolled in an avatar training for the Department of Health, and from there, who knows. Also, my hearing for my disability for depression is coming up soon, which is ridiculous, tu sabe? Because who doesn't suffer from depression?

In 1995, before all this happened, I lived on 8th Street and Howard, and one day I gave all of my belongings away and moved to Puerto Rico, down in Bayamón where my sister lives. All I did in Puerto Rico was eat shit, comer mierda mayormente. Nothing was the same, the clubs had changed, the beach had changed. I worked in various hotels, did some temp work, got me another training in banking, but then I quit. I quit stuff because I'm a hypochondriac.

And even though I am a hypochondriac I have this feeling inside that tells me I'm not going to die yet.

When it's time for me to leave this apartment, this sea of wood, it'll be hard. I'm going to miss it, and yet, no creas que está siempre asi, it's clean because I knew you were coming and I mopped around, dusted. Five of us live here, sometimes six.

Marlen Hernández

Nuevitas, Cuba

Date of Arrival: 1980

Marlen and I first met during Gay Pride of 2011 in San Francisco. I always walk with Instituto Familiar de la Raza during Gay Pride, she says, remembering, but this year I don't know if I can do it, I'm tired. We're at her apartment in a government housing building in the SOMA District; her five dogs and three puppies are barking, whinnying, and chewing on dog bones. In front of her twin bed stands a shelf with all of her wigs and the crowns she's won in various competitions during the past 10 years. Performance, lip-synch, drag competitions. She tells me she has a terrible memory and doesn't remember a lot of things. I ask her if she has any photographs of herself during the 1980s or 1990s. She says, I don't have anything of that time. Not even the memory, she says holding her oldest dog—a white, moody Chihuahua. Marlen tells me she's an open book: I don't have anything to hide, mami, ask me whatever you want. Marlen emigrated from Cuba after being incarcerated for dressing up in women's clothes. At this time, Castro opened the Mariel port and, between April and October of 1980, approximately 120,000 people left the island including Marlen.

I've always loved the artistic lifestyle; I am very talented. The world of makeup, wigs, and dresses just fascinates me. I've stayed in San Francisco because here there is more help for us girls, and I think also less discrimination. More programs for transgender girls, more groups, more help, more of everything. Although, I think it was easier to transition back then, in the sense that Medi-Cal covered your hormones. Now it's harder to get them. My hormones are covered, but not all girls' are. In the 1980s, Medicare covered everything minus the operation down there. Today, it covers the operation but nothing else. I'll stay in San Francisco because I feel at ease here and I love the weather. I'd say the weather here is

49

neutral, because ay mi vida in Chicago the heat *is* heat! Worse than Cuba. You have to be naked on the street. And when it gets cold, you have to dress like a mummy or your nose falls off.

Bueno, I was born in Nuevitas, Camagüey. Nuevitas is a seaport, very pretty, let's say like Veracruz or Acapulco. When I was six years old, my family took me to La Habana and I grew up there. Before coming to the US, well, mami, I was locked up in jail for homosexuality, for cruising the streets in full makeup. During the 1970s in Cuba it wasn't permitted, now it is. When Castro opened the Mariel Bridge I didn't want to go because I didn't want to leave my family, but my mother went to see me in jail and told me to go to the US, that I had no future in Cuba. That at least here I could have something.

I arrived at Fort McCoy in Wisconsin in the early 1980s, I think it was 1980. Two gay men who owned a hairdressing chain in Minneapolis, Minnesota sponsored me. I lived with them for about two years. But I didn't speak English, now I've learned a little. I still don't speak well, and I don't understand much. The little I know I've learned from the streets or television, even though I spent two years going to school, forced to learn English; but I only went there to look at men! My sponsors put me through school, English school and hairstyling school. I graduated as a cosmetologist and hairstylist but did little work with that (I really learned that for myself). I haven't heard anything from my sponsors since I left in 1982, when my brother claimed me, and we moved to New York for six months. Terrible weather, I didn't like it. So I left for Chicago and lived there for three years. From Chicago I moved to Los Angeles and stayed there for six months and, finally, I came to this fabulous city! I am not sure exactly what year I arrived in San Francisco, but I believe it was 1985 or 1986, and I was already a woman. I left Cuba very feminine and arriving in the United States I transitioned quickly.

When I got here I didn't know anyone, or have any type of help, so I was selling drugs, prostituting, and doing shows. I'd steal clothes from the stores and sell them to the chicas for their performances. I did all this to survive. When I got to San Francisco I didn't know anyone, but there were several Cubans around, and I began entering

the scene, performing at an American club in the Tenderloin. I don't remember its name, it is gone now. There I met a person from the Latino community who is already dead, a person who was very famous, I don't know if you met her: La Rony Salazar. La Rony saw my talent and said, You should not be here, niña! I'm going to take you to Esta Noche. I didn't know Esta Noche back then, this Latino bar. She took me there during a talent contest that I entered and won.

From that point on, I started working as a performer at La India Bonita. There I met Adela and all the other girls from that time, many already dead. After working at La India Bonita, I performed at Limón Verde. All the time doing my shows, performing, and I'm still doing it! I've always had a certain drive for the show, it has always been in me. In Cuba, I'd watch the women in my house, then I'd stand in front of the mirror like them and mimic songs from the radio with their mannerisms. It was always on my mind, and here I was able to develop it.

When I worked at Limón Verde I had my group of Cuban girls and non-Cuban girls. Then I worked at Esta Noche, and at Esta Noche three days were totally mine to perform with Mexican girls.

I worked at La India Bonita with las Cubanas for a long time. From there I got my own show performing as Pantoja, Rocío Durcal, Rocío Jurado. I don't have pictures from back then. I don't have anything from that time, not even the memory.

It was much better at the time. More of everything, especially for Latinos, for gay Latinos; 16th Street was packed with clubs. There were three clubs for shows, now there is only Esta Noche. They paid you more, the shows were way better back then. There was more talent, more wardrobe, more glamour. There was an all-Cuban group called Las Yolandas and I worked with them. We did a show similar to the Tropicana in Cuba, like cabaret or, let's say, like Vegas with feathers and the whole thing. We had an opening and a closing performance. Now that doesn't exist much. The group lasted like three years, then during the epidemic the girls started dying and the group disintegrated.

For a while I retired from that world and fell into drugs, fell into prostitution. Afterwards, I met a guy, the one who cut my face.

His parents own businesses here, factories of clothing. He took me out of that world and got me an apartment, then a house where I lived with him for seven years. But I didn't feel that was my life. I wasn't feeling at ease because my passion was the stage! El show! But since he paid for everything, he obligated me to do everything he wanted. Then one day we got into a huge argument and I ran up to him, punched his face, and that's when he cut my face. With a knife, he went down on my cheek with a knife.

Mi vida pues, I left him and entered the show scene again. And because I started doing shows, and the world of shows means prostitution and drugs, even if people deny it I see it that way, you understand? Because whenever you are performing there are drugs and clients at the bar offering money. Anyway, I got into drugs and prostitution again. I am very open, mami, I tell my life as it is. That's when my life with drugs and drugs and drugs started. I lost my home, I lost everything.

I lived in the streets for a while, homeless, then got locked up. Immigration got me because my documents had expired, so I spent eight months in an immigration prison. From there, immigration sent me to Chico, California, to a huge house, like a rancho. Five years I lived in that house. They fixed all my immigration papers, my disability. After those five years I couldn't take the country-side. It was a ranch in the middle of nowhere with many Cubans and I was the only transgender and I had a room for myself. Like a house built solely for Cubans with immigration problems. I was in charge of taking care of the small animals, such as dogs, cats, birds, fish, and they paid me for this. They deposited the money in a bank account. After a year on the ranch (which was the amount of time you had to spend there), the program director asked me to stay on *his* ranch and take care of *his* animals. He built me a small cabin in the back of his house with a kitchen and everything where I lived for free and got paid to care for the small animals.

I then returned to San Francisco and again fell, and fell hard. I came with a lot of gold and jewels and a horrible amount of money, and I am talking like $10,000–$15,000, because I saved all my money. And again I started doing drugs and got locked up again. That was seven years ago. They enrolled me in different programs,

and I'd flee those programs. One day, I decided to leave with a girlfriend of mine to Daly City, and we rented a house in front of a cemetery. From there, I fixed all my disability papers and came back to live in a shelter for eight months. The shelter got me this apartment, and I've been here for four years.

I only have like four people who are really close to me; one of them is Mitzy, who is my best friend. Last night we worked at a club in San Leandro. She is the closest person I have. Her and La Rubia Chavez and another girl, Bárbara, who works the streets and is from Nicaragua. Also a younger girl called Laura, better known as La Perra.

Carlos Sayán Wong

Lima, Perú

Date of Arrival: 1991

Carlos is the only narrator who does not live in San Francisco. He flew from LA to meet me at a coffee shop in the Mission District, near 16th and Valencia. This is our first meeting. And yet, he eases quickly into conversation, sipping on his black coffee; we connect over our shared South American history, and in no time Carlos is deep in story. In the middle of speaking about his years in the Christian church trying to suppress his gayness he adds, When I saw your post on Facebook, I thought of it as a sign. I saw the opportunity of speaking with you as an opportunity for healing, closing a chapter.

Carlos is originally from Lima. He moved to LA in 1991 with the pretense of studying English, but deep down knowing he was searching for liberation. When speaking of his mother he sometimes smiles, sometimes shakes his head, or—as he remembers the coming out letter he wrote her—becomes lost in thought, staring at the ceiling. After we part he sends me photographs by email. In one of those photographs, Carlos, a young, skinny, Chinese-Peruvian, smiles faintly at the camera on his graduation day, his mother holding his arm.

I came to Los Angeles in part because I wanted to practice my English, but also to liberate myself. In Perú, I was in the closet and did not come out until nine years after moving here. My gay reference points were boys in Lima and the province who wanted to be girls and were hairdressers. I knew I was different, but I never identified with them.

I'm originally from Lima, Perú. I was born in the capital on January 24, 1970, but lived in Barranca, a coastal city three hours from Lima. We always depended on Lima. We went there for everything: Doctors, dentists, and at age 16, when I graduated high school, I left for Lima to go to college. Kindergarten in Barranca was co-ed but elementary and middle school were only boys. One

day during spring, six of us boys sat at a small table and they all started talking about masturbation and I asked, What's that? That day my mind opened. We were eight, nine years old. I was fascinated. The desire, the curiosity, and, in a way, I fell for one of my classmates.

Barranca is the capital of the province where all the commerce is, and all the country people go there. We have mountains, we have a beach. At the time, I didn't think people were one thing or another. We were all one thing: Heterosexuals. Although I remember overhearing, this faggot, that fag. During middle school I went to public school, and I finished high school at a private Catholic school. I was not part of the "It" crew, although in some way I belonged; and yet, I always thought of myself as the ugly duckling. I loved volleyball, I saw it as normal, and then I realized only women and faggots played.

My parents divorced when I was six; I'm the oldest of four boys. My mother owned a cafeteria and had lots of friends who would come and hang out there. And I saw how this man, a good friend of ours who later became our stepfather and my mom's second husband, would come often. It was very difficult and shocking and we never really accepted it. We reproached my mother, Why did you have to get married? And she'd say, One day you'll understand. My way of coming to terms with this change was hiding behind school. I was an A student. Always the second of my class, while my brother was the rebel, the black sheep, always getting in trouble. But I would look outside because I felt different. I wanted to leave that place, escape that environment, and liberate myself.

I tried visiting an uncle of mine who lives in Los Angeles, my mom's brother. But my mother said, No, wait a little, when you're done with high school you'll go. When I finished high school I asked her again and she said, Not yet, you still have to go to college. In Lima, to enroll in college you have to apply, you have to study and prepare for an entry exam. I wanted to study architecture and my mother disagreed, Wouldn't it be best for you to be a pharmacist? And I replied, Then why don't *you* go to college?

Years later she confessed, I kinda knew you were gay. I only started to come out at the end of 1998 and in 2002 I wrote her a letter, a confession. I thanked her for everything she'd done for me.

The next week, on a Saturday like today, eight in the morning, the phone rang, I picked up and it was her. She said: Walter and I received your letter and we want to tell you, anything that makes you happy makes us happy. But I still heard that insecure tone, that doubt, but I told myself, Okay, that's a start. It took almost a year for her to come visit me in Los Angeles.

Before enrolling in college I signed up for the Pre Lima, and there I made some friends, Carsi and Willie. I always suspected Carsi was gay, and Willie too. We never asked each other like, Oh, are you gay? But there was always something. The radar was working. Willie was a punk rocker, very involved in the new wave scene, and all the dark music. At the time, I was a total vanilla. Then, from one day to the next, I began entering the scene because I loved the music. All the music coming from Argentina, Chile. Little by little I started hanging out with them, going to clubs. Underground punk clubs, new wave clubs. Supposedly everyone was straight, and then I began noticing, how curious, we are all boys. I knew some acted really effeminate. And I was fascinated with some but was too scared to say anything. Then one night, after dancing in a club called Nirvana in Miraflores, we went to a gay club, and that's where I saw Carsi and Willie kissing. It was shocking, at first. This was 1987. The gay bar was dark, we were drinking, and all of a sudden they started, as we say in Perú, a chapar, kissing, and I blushed. Afterward I thought, Okay, that's cool. But I was so repressed; the fear was so great because I depended on my parents, especially on my mother. And she was always mom and dad. She was Catholic, devoted, although never one of those who hit her chest and all.

The 1980s was a difficult time, not only in Perú, but also in other places in Latin America. Everything was escalating. Everyone wanted to leave Perú because there were terrorist acts, combat in the mountains started, and little by little Sendero Luminoso began approaching Lima. A lot of people were kidnapped; too many car bombs exploded in the middle of the night. One time, past midnight, like two in the morning, a car bomb exploded a few blocks from my house at the Museo de Oro. It was mind-bending. Knowing that there was the possibility of not returning to your

house at night one day, it was living in a constant state of anxiety all the time. At the time, I smoked like a chimney and drank coffee, and at some point I thought I was going to have a heart attack.

Just before starting college, I took a summer course in screen-printing and was walking out of class to take the bus and go home when I was mugged. He took everything. Everything I'd bought for the screen-printing class. First, the guy showed me a knife and then said, I have a gun, don't even think about it... in the middle of the street! With people walking by and everything. I was very passive, always, sensitive; when I was a child I'd cry all the time.

I lived with my grandmother, my mom's mother, in Lima. She cooked and took care of me. And yet we have a love/hate relationship because she is quite jodida, dominant, and I had to respect her house. But, sometimes, it was too much. And I was focused in my school and school and school... and from time to time my friends and I would go partying a chuzar, and smoke. And sometimes, I'd imagine myself having a relationship but I never dared, never had the balls to open myself up, confess, and declare my love to anyone. I had a few girlfriends and to the last one, before moving here, I said, I'm going to Los Angeles for a year and I don't know if I'll be back.

In the year 1989 I went to the American consulate to get a visa to visit my uncle, but the visa was denied. Hysteric, I said, This shitty country. The consulate, very arrogant, said, Why don't you finish your schooling, get a job, and then we'll see about giving you a visa.

I come from an immigrant family. From both my mother and my father's side we are part Chinese. More on my mother's side. Although both my parents are Peruvian. My mother's father is 100% Chinese from Canton. His mother was half Peruvian, half Chinese. My grandmother's father came from the same region in China. On my father's side, I don't know a lot, but I know that my great-grandfather was from the north of China, what was once Pekin. My father's side, the Sayán family, has been in Perú the longest. More than my mother's family.

So I always saw my grandparents as an inspiration. If they emigrated, why couldn't I do it? My grandfather moved to Perú

when he was 13 and still today has a very thick Chinese accent. When you look at him he looks Chinese, but he's the most Peruvian of them all.

When my visa was denied, I got an idea; through the American consulate you can apply for a student visa. They had a library with a list of scholarships and universities in the US. Me puse las pilas and searched and found five places where I could apply for scholarships. Finally, I moved to Los Angeles with a student visa. All the time thinking I was only coming for a year.

The last three years I spent in Lima I visited Barranca every two weekends, then it was once a month, and slowly once every two months. I was distancing myself more and more. Living in Lima I hated the province. My childhood was a happy one but also very repressed, everything was squared, one-way, and it was a microcosm that kept closing more and more. In the province, you study, you get married, have kids, and you stay in the province. Those were not my plans.

Leaving was painful; I cried a lot. Saying goodbye was one big cry. Supposedly I came for a year, but deep inside I knew I was not going back. Something told me I was leaving forever. Two months after I left, the time bomb in Perú exploded. Everything was worse: More car bombs, more attacks. In June of 1992 there was a horrible car bomb explosion in the district where I used to study, an explosion that has been compared to the attack in Oklahoma.

In 1991 I arrived in Los Angeles at my uncle's house; he is married to a Mexican woman. Just before coming I dared to buy a *Playgirl* magazine in a kiosk. It was amazing, this connection with my fantasy world, and I brought the *Playgirl* in my luggage. I was scared to death at the airport and, just my luck, customs opened my bag, but I had hidden the magazine really well. I was so ashamed, plus I was with my mother.

My uncle and his wife had a weird dynamic between them, really negative people. I went to LA because my uncle lived there, but when I got there I realized the university was all the way on the other side of LA, and my uncle lived in the ass of the world. Literally. So I took two buses to go to school, two to come back.

I left early, at dawn, and arrived back home at dusk. My uncle had two small kids, and sometimes it was hell living with them. They'd argue all day, and the kids would be screaming. School, again, was a hiding place, an awakening, because I met people from all over, especially South America. I lived in a bubble. My world was school, and my only contact with the city was in those buses.

I only came out of the closet at the end of 1998. During early 1999 I said to myself, I'm going to answer a newspaper ad, those super short ads with a number you'd call, and I did. The guy and I exchanged numbers and nothing else. I ended up going to this married guy's house, an Italian, from Rome, very nice and handsome. A little older, but with him I had my first experience.

But before this, when the 1992 attack in Lima happened, I said, Bueno I can't live there. Even though it's painful, I have to continue my course work here. I enrolled in a community college that someone recommended because I wanted to study graphic design, and they said that was a great way of starting my portfolio. I met people there. I felt okay, but sometimes I got this horrible sad feeling and then I'd be good again. I had stopped believing in God. During my entire life I had, in some way or another, been involved in Catholicism, and at some point I said, Bueno God, I need a break, I'm gonna take the reins of my life. Then, in 1994, I met people from a Christian church that I liked, and I felt so alone…a few nights before meeting them I'd been out with my friend Roberta and a friend of hers, a gay boy who lived with his partner. We ended up at a gay club dancing, and this curiosity kept on itching and itching. In meeting the Christian people, I thought, This is going to be a great tool to help me combat all these thoughts, this longing.

I thought all I felt was bad.

I started going to church with them. Before becoming a member, I studied the bible and then got baptized as a Christian. At the beginning, it was great and everything. I went on dates. We'd go on dates in groups so there'd be no temptation, of course men and women. When I confessed to them I had thoughts about men they told me God would help me. And, yes, for a while, all of this helped. I was in that church for six years and during the last two years I felt

horrible, I doubted everything. Before finishing up school my eyes began opening. I felt hatred towards myself, and for the first time in my life I had suicidal thoughts. I autodestructed myself.

On the one hand, I wanted to come out of the closet, be who I was and, on the other hand, I was fooling myself with the church. I couldn't take it anymore. So one night, desperate, sitting on the floor inside my room, I kneeled and cried and screamed, God, if you want me to be happy, why is it that if you're here to help me I feel like this? In the end, I concluded I had to be honest with myself. That night everything changed. I went to the gay club my friends had taken me to during my first night in town. Later, I answered the newspaper ad of the Italian man. This was the beginning of 1999. I felt I had removed a huge weight from my shoulders, I felt lighter. It was something I can't really explain...like being reborn.

My roommates were people from church. They lived with you to have you involved, to brainwash you, to not let you go. I left them and moved in with a friend of mine, another Peruvian.

When I answered the newspaper ad my friend had to lend me her car because the place was up in the Hollywood Hills and the bus was going to take too long. It was a chic zone of the Hollywood Hills, practically a mansion. As I drove there I felt extremely nervous. When I arrived, we introduced each other, he let me in. Took me to the living room where he had prepared everything: A blanket on the floor so we could lie there, where we would play. We were only supposed to kiss and touch each other. I didn't know what was going to happen. I'd seen movies and could not wait to suck a dick. And then, it happened. The guy commented, Wow, you're a natural, and I told him, It's my first time, I've never done it, but I think I've been practicing mentally. He was married and to keep with appearances was sometimes cold. But I told myself, Someday, you will find someone, but first you have to have sexual experiences.

I didn't go to church anymore. They tried convincing me. All of them, my supposed friends, many who were church leaders, said, You're going to hell. One of them had me choose: My friendship with him and the church, or being who I am. And I told him, If you're going to do this, if there's going to be conditions in our friendship, I rather we end it.

Not long after, I started attending talks for coming out men at the LA Gay and Lesbian Center. I met a boy there and we dated for a while. He was my first boy. But after spending a Thanksgiving and Christmas with him and his family I realized I didn't want to be with him. He was older and was ready to have a relationship, and I was just getting started. I never saw him again. When we were going out the first person I told was my friend Claudia, from Mexico, and her reaction was so positive that I told Jean Pierre, a friend from Perú. And little by little I began telling my other friends. Every confession was positive and it really helped me live.

I read *Out Magazine* and then started online dating, and that's where I met more people. To be honest, all of it is really blurry as if it was another life. Like it happened a century ago. I didn't last six months in the talks at the LA Gay and Lesbian Center, very quickly I felt armed with courage to explore the world.

And yet something told me to take my time with my mother. We were always really good friends, and I thought I was going to hurt her. I waited two years before telling her, before building up the courage to write her. The letter was three pages. I went around and around and around the subject. Finally, I told her that I'd always wanted to say this but I never had the strength to do it, that I had not changed, the only new thing was I now valued who I was. I was honoring myself. The suicidal thoughts had pushed me to confess. I'd always love myself, and I got scared because I never thought I would find myself in that hole. With my mother, we always talked about everything. In high school when the moment arrived to speak about sex, she spoke about sex: You have to use a condom. She was very open. Bien forward thinking. But, for certain things, she needed to preserve her image.

My mother was like the governor of Barranca, she helped everyone. She inherited that from my grandparents and I've inherited that from them too. Sometimes I even wonder, Why the fuck wasn't I born with a heart made of stone?

So she called me, and the first thing she said was, Walter and I got your letter, we read it, and we just want to let you know that whatever makes you happy makes us happy...I heard those words and just burst into tears. My mother acted very serene. The conversation was very short, to the point, and that's it.

I was disconnected from Perú for a long time. After three years of being here I had to ask for a work permit. Ironically, because of all the terrorism in Perú, I was able to stay here. My mother wrote letters, sent me newspaper cut-outs of all the atrocities happening there; she also sent me letters sent to them with threats. I appealed to stay here. It was like an asylum but not really an asylum.

I thought that coming out of the closet was going to be heaven, color de rosa. When I saw you were interviewing people for this project I thought it was a sign; I saw the opportunity of speaking with you to heal, to close a chapter, because even though I came out years ago I still think I boycott myself at times.

In Perú, after my mother married my stepfather, I lived at a cross-roads: There was never a time when my uncles and aunties weren't saying, Ay, poor kid, you don't have a father. Because my mother did a masterful job in making me believe that my father was a monster. I met him, but all the memories I have are from when I was six years old, very idealized memories of us driving around, photographs where he is carrying me. And when my mother divorced my dad, He is a mujeriego, womanizer, irresponsible, never contributed anything as a father…I always thought, I never want to get married, never want to have children. But talking about children, life changed for me, and in 2006 the opportunity to be a father arose. A good friend of mine, a German artist, asked me if I ever thought of being a father, and I told her, Yes, I have, but I don't plan on staying in LA. Maybe one day when I move somewhere else and meet someone. And then she said she was about to turn 40, her clock was ticking, and she wanted to be a mother. She'd chosen me as a candidate to be the father of her daughter/son. I said, Sí. The year after that she came back from Germany and together we went to a clinic. We have twins. I am the biological father of twins who are about to turn seven in November. They live in Germany with Corina. I am a part-time dad and we are not a couple, but we have a great relationship. The girls know who daddy is.

Mahogany Sánchez

Managua, Nicaragua

Date of Arrival: 1973

This is our first time meeting. Mahogany asks me to wait for her at the 16th and Mission Walgreens; she says she's wearing a white shirt, shoulder-length brown hair. When she arrives we walk to a cafetería near 16th and Valencia where we order beet juice. Adela has known Mahogany for decades—they're old friends—and she mentioned the oral history project to Mahogany. Mahogany was interested, and Adela asked me to call her.

We sit on red plastic chairs. Everyone around us speaks Spanish so Mahogany keeps her voice low, smiling at passersby from time to time. She tells me, I grew up here. Right here in the Mission so I know a lot of people. My mama also lives here. She's originally from Managua but has never been back: My entire family left. We have no one there, no one. When she remembers her grandmother's house in Managua near the ocean she smiles and sighs. When Rony Salazar—her best friend who died during the beginning of the epidemic—slips into her story her eyes water a little and she moves on quickly to the next story.

When I was a little girl my grandmother had a grocery store, my grandfather was an alcoholic, and we lived near the ocean. It was a small store, where we sold rice, frijoles, tortillas, and where I delivered groceries by foot. At the time, my grandmother was good financially; she had an enormous house with deer, birds, and parrots in her yard.

Mami married a Panameño, and we left for Panamá because my papa's mother wanted to meet her grandchildren. In Panamá everything was quick; we didn't stay there for long because my papa and my mama were eager to come to the US and start a life. I was born December 18, 1966, in Managua, and came here by plane at the age of seven. My mama came with a student visa. At the time, things were different, it wasn't like now where going to the airport is totally traumatic and problematic, at the time it was all very free.

We arrived in San Francisco in 1973, and I was raised here in the Mission. We enrolled in public school and I didn't know a *thing*, not even the language. School for me was traumatic because I was shy, reserved, and silent; the other children didn't like that, and I experienced what's now called "bullying." They'd stare at me like I was a weird bicho. And even when my brother defended me, during recess the kids teased me, chased me; they egged my house after school and I didn't know why. From a very young age I identified with my feminine side, and I imagine my behavior must have been strange for the kids. For Christmas my papa bought us guns, and I didn't care much for guns. My brothers would play outside with their friends, while I did the chores around the house with Mama or secretly played with dolls when neither Mama nor Papa were home. Then I'd hide my dolls under the bed. With my neighbors I'd exchange anything they wanted for their dolls—and I had a collection—until one day Mama found them underneath my bed and I got a *beating*! Many beatings came after that one.

At the age of 9, 10, 12 years old, I began to let my hair grow. My body started molding not so masculine, I think I was doing it mentally: I wished so intensely to have a feminine figure that my breasts hurt. On TV I watched *Wonder Woman, Charlie's Angels, Bewitched,* which had strong, beautiful women. In my head that was my fantasy: I was a heroine twirling around in my room like Wonder Woman and transformed into her. At Halloween I dressed as a heroine, but I knew that this was going to bring me trouble. I felt something different inside me that I didn't know exactly what it was but that was manifested in my home, with my mama and papa and everyone around me. In school, for instance, teachers would tell my parents, La Mahogany is behaving weird here, because I'd wear nail polish—clear nail polish—because I loved to see my nails shiny! And sometimes I'd wear lipstick, also clear, and a little bit of blush, but very subtle, and once I got home I'd remove everything.

All of this got me into trouble with my father, who is really not my father because he doesn't deserve the title, although I still call him Papa. A total machista who gave me beating, after beating, after beating, every time he'd find something feminine in my room. When I let my hair grow, he'd quickly shave it all off and I'd have to go to school pelona. Afterwards, he'd buy me masculine clothes:

Shirts, jeans, and some combat boots. These ugly boots that I hated. At the time, I had no facial hair, I looked like a girl. I believe that between the ages of 9 and 12 a boy can pass as a girl because he hasn't developed completely, and so I looked like a girl dressed as a boy. This was during the 1970s—San Francisco was heterosexual. Or, at least, I didn't see myself reflected in the city. I didn't know anything about the gay world.

At fifteen, en el junior high, I identified more with my femininity. I dressed truly girly, and same thing with my papa: Beatings. My mama couldn't understand why I was this way.

I always had female friends, never boys, and my friends supported me, they defended me from the cholos and the pachucos in school. There were authentic cholas. I thought they were all derechas, but when we graduated I found out some were lesbians. But it was all a secret. Unknowingly, I lived outside of the closet. I used women's bathrooms, which had the school calling my parents and Papa saying, Mama, Andá, go to the school to fix that situation. Why is La Mahogany using the women's locker room? Why is he taking dance and gym classes and not soccer classes?

You didn't see people like me. Now there are plenty of places for transgender people. I tell myself: Wow, unknowingly I opened doors. I was only being myself and nobody understood that; I fought for my rights without truly knowing where I was heading.

One day as I was leaving for school, my mama sat me down in the living room and said, Mahogany I don't care if you're gay, if you have a boyfriend. But she wanted everything to be unspoken— she didn't want people knowing any of this. I told her, Mama, I'm not gay, I'm a girl, and she just couldn't understand. My house was filled with ignorance, and even *I* was ignorant about this topic. For instance, I didn't know I could take meds to better develop my feminine side.

Once out of high school, I began my hormone treatment. I went to a bar called La India Bonita, and it was La India Bonita that discovered La Mahogany you have seated here. The bartender was Rony Salazar. He lived right across the street from me, right there on 16th Street, between Guerrero and Valencia. So one day, right out of high school, I walked by La India Bonita and he stopped me and invited me to the show. I was a minor—18, 19 years old. I went,

saw the show, and loved it. There were drag queens, transformistas, performing...and I went, wow, marveled. Rony told me one day, Ay but you know all the songs Mahogany, why don't you perform? And I told him, I don't know how to do it, and she said, Pick an artist that you truly know, transform into her, and I'll wait for you at the show. So I did, and it went extremely well and the show turned into a job. During the 1980s there was money—lots of tips, everything was a fabulous escándalo. Plus, I was already on hormones. I found out about the hormones inside La India Bonita because there were trans women there, and also lesbians, gays, and transformistas.

The Latino community was carefree, generous, and not violent; we all coexisted, there was money everywhere. The 1980s were fabulous! I'd love to go back. Fabulous because I was out of the closet, and many people were coming out as well. At the time, AIDS was beginning to take its toll, but we didn't know much about it. We did whatever we wanted; bullying was a reality, but we were careful. We had our zones in the city: All of 16th and Castro. On 16th Street stood La India Bonita but also Esta Noche, Limelight and Los Portales. The sidewalk was always packed with people; Wednesday through Sunday there were performances happening. Down on Folsom we had the leather men and women. When a show ended we'd go down to la Folsom or la Polk. The prostitutes were out— the transgender prostitutes were out on the street, getting out of cars, getting into cars, normal. No problem.

At 19 years of age I left my house searching for my own path. Fully involved with my shows. The tips were great, and in addition to being a spotlight performer at La India Bonita, I also designed the stage sets. I lived in a small studio right here on 16th Street, and the rent was not as outrageous as it is now.

La Rony Salazar became my best friend. She'd have put her hands in fire for me, and I'd have done the same thing for him; never have I experienced that kind of relationship with anyone. Rony's boyfriend was a prostitute—he walked the streets of Los Angeles, but Rony didn't know this. The boy told Rony he only went to Los Angeles to visit family. And then one day we found him in Los Angeles on Sunset Boulevard where all the male prostitutes walked. We returned to San Francisco, and a few months later Rony found out his boyfriend had given him AIDS. So my best friend died.

After everything was free, beautiful, plentiful, many people got sick. But I continued my show. At the time, the economy was getting worse and it just wasn't the same. My best friend died and many other friends began dropping dead like flies. To this day I have friends from the time that live with HIV. It was a plague, and La Rony Salazar did not find out in time about what people call "coctel." Many survived because of it, because they discovered the cocktail in time.

It also did not help that the boy I dated was very violent, very jealous; he would go see me perform, and then drag me out by force through the dance floor. But he was my first love, and I thought the beating was normal. I lived with this person who wanted to sculpt me to his wants while I paid for everything. He was a gangster, a delinquent, and I was what? 19, 20, 21 years old. Eventually, I left him and got another boyfriend.

At 21, I lost my virginity. A sweet and sour experience because it happened with one of the boys from school who eventually left for New York and I never saw again. But I remember him like it happened yesterday. He was part of the football team in high school, and I noticed all the girls from school wanted to be with him, but I was the first one he experimented with.

Amidst all of this my mama divorced my papa. They didn't see each other, but from time to time she'd call him complaining about me, Mira La Mahogany is letting her hair grow again, she's dyeing it. My mama eventually found out I was performing because we lived in the same neighborhood as La India Bonita and the neighbors told her, I saw your son performing naked. Burlesque was my art, in shiny panties and a bra with feathers and a boa. After hearing the gossip Mama went to see me, and right in the midst of the show she ran out of the bar filled with shame, crying, Ay this cannot be happening! I froze. Of course, I wasn't expecting her; I was twirling around doing my thing, earning some money to pay the rent. The next day I knocked on her door and asked, What happened, why were you there? And she told me what the neighbors had said and, Why was I doing that? Was I not ashamed? So I said, Mama, it's not what you think. She really thought that I got *completely* naked in front of all those people because she didn't stay long enough to watch the entirety of the show. And it wasn't like that. I made a

formal invitation to my mama to come to my show; I told her to arrive with an open mind. I explained to her in detail that it was a show, not a strip club. I said, Mama, you didn't raise me like that. You raised me with morals.

During that time the hormones were doing their thing. My face was changing, my skin, my way of speaking. So Mama went and she liked it. She saw the tips, the attention that people were giving me, all their praise. I asked her, Mama, what do you think? She was silent, observing everything. After my performance came all the clapping, and drinking, and cheers! And, Bravo! Bravo! Otra! Otra! Another one!

As time went by, I saw how my mama showed up to see me perform, very normal. Then she started dressing up more and more; she'd wear feathered hats, you know? Her way of showing she accepted it. And she was welcomed, all my friends knew her. She was La Mahogany's mother, one of the spotlight performers at La India Bonita. Her reserved seat was there, her VIP. Various times she even brought her friends, men and women that'd come to her *daughter's* show! She was proud.

I never saw my papa. Even if we were to cross each other right now on the street, I have no idea what he looks like—if he is skinny, fat, bald—and he obviously doesn't know how I look. When he left my mama, he buried me. I don't exist for him and that's fine. I mean, I never missed him, even when I was a kid all I remember from him are the beatings. Nothing productive from him, not support, not a hug, nothing.

The year I began performing, Rony died. I'm not sure what year it was…ninety-something. Rony died and jealousy from other girls took over, and I realized there was no support for me. They'd organize a show and wouldn't call me. So I left my home and lived homeless for three years in the women's shelter. They'd ask me if I wanted to be in the men's or the women's or co-ed, and I'd ask to be placed in the women's.

Mama wanted me to come home. And I told her, No, Mama, I need to find myself as a human being, make myself into a woman. This was tough love, amor al duro. I didn't want my mama spoiling me and caring for me all the time; I had to experience the bumps in life without her because some day I was not going to have her. That's

why after my friend died I kept away from my other friends—I realized people can be very mean.

When I left the shelter I moved into The Grant Hotel, and in that hotel I became assistant manager. Where I've lived for the past 13 years. Being inside the shelter changed me and, well, this *is* real life. I mean, I lived in real life, but I saw almost nothing of it because I worked at night. During the day I'd run errands and wasn't living in society the way I did at night. At night I performed and it was a fantastic world, the drinks, the ambiente and cheers! Cheers! Everyone real cool. When that ended I realized the world was not like that, that I had to work and be part of society. The tenants at the hotel are fond of me, the ambiente is very different.

Currently, I am single. Men have been the hardest, and having an honest relationship is even harder. Right now I'm in the midst of a sexual harassment case with the manager at the hotel and, well, I'm fighting the case. In the years I've lived there this man has touched me inappropriately. So, you know, wow. My life is going in circles. I never thought this could happen to me; being transgender, I thought this only happened to biological women, me entiende? I'm entering a new frontier, unknown terrain, and let's see how it goes, let's see if they take me seriously because I am trans. Because at the moment, the legal resources for us are uuuuuuf, almost non-existent.

Always in San Francisco, I've never been back to Nicaragua. Fíjate, after the earthquake all my family moved here, some went to Costa Rica, but there's nobody in Nicaragua. My relationship with my mama is excellent. She has it very clear that I am her daughter. We were three boys, now there are two boys and a girl. My brothers have their kids and I've always taken care of their kids; they all know I'm their aunt. My brothers never looked at me differently from what I am—a woman—and have always been very protective of me because I'm the only woman in the house besides my mother. Overprotecting me with my boyfriends and such. We all get together during the holidays. I don't like drama so much now—I already lived through it during my youth, I lived through all the escándalos. It is cool when you are young, but when you hit 47 you look at the world differently.

Nelson D'Alerta (Catherine White)

Isla de Pinos, Cuba

Date of Arrival: 1980

We sit in Nelson's living room while Coco, Nelson's dog (a French-poodle mix), jumps around the room looking for a place to sit. The walls are covered in beautiful framed old black and white pictures from Cuba. This is my family, Nelson says, petting Coco and pointing to a woman in a pompous white dress. On another wall, colorful paintings depicting big-breasted women and men in effeminate clothes hang with his signature. Some lay unfinished, reclining against the television. Nelson is a performance artist and a painter. He offers me a beer as we're about to begin.

Nelson is my aunt; we've been friends for almost as long as I've known Adela. Right now, his white hair and beard are dyed a baby blue, matching the light color of his eyes. Every so often, when he's in the middle of a story, he bursts out laughing uncontrollably and says, Niña! Can you believe that? Our history is so important. Watching him retell his life is like watching him perform: He dances across the room as he's remembering Dallas, he gestures to a beautiful dress he wore once in Miami, he opens his eyes wide to highlight the oppression in Cuba. From drawers he retrieves photo albums of his youth. We sit side by side as he points to women in extravagant dresses, men wearing wigs and too much makeup. A myriad of photographs in black and white of his young face back in Cuba. Friends who died during the AIDS epidemic. Finally, he shows me a photograph of him next to a piano where a woman is playing: This is my great friend Marquesa, he says, May she rest in piece.

Catherine is my woman name, and when Catherine arrives I say, Por tu vida, *She* is here. Sometimes people ask about her: She is on vacation, I say. She's too much. I love her but, sometimes, she is *too* much. She does things I'd never do. She stops traffic, she talks to policemen: Qué tal? How are you doing today? What's going on? Make-up all over her face, a little drunk with a huge bag, going

around to different bars. I am very particular; if I'm not comfortable in character I'm not doing it. But if, let's say, I put on a big feathery hat and go out into the street I feel gorgeous. The other day my friend told me, You don't do drag, you just dress as a rich woman. Adela too sometimes says when I dress up too often, she tells me that I get transgender euphoria. It's something really interesting: When a man, gay or straight, wears a wig and high heels there is this spell cast around him and everyone wants to see it. It's like, wow. Like a clown in the good sense of the word. It is an art.

I never had a closet because my mom always said to me, You are a fag. She dragged me to a psychiatrist during the 1960s because as a kid I wore high heels. I'd steal my mother's clothes and go out to the streets in women's garments, which is why in 1970 I was sent to jail. Taken to court dressed as a woman, and hell went down in La Habana!

I'm from a small island, Isla de Pinos. I lived there until I was ten years old then moved to La Habana. When we arrived in La Habana my grandfather took me to the opera to see *Aida*. He held my hand tight, saying: This is going to be your home, you are going to come back here many times. I was shocked, oh my God, because theatre has truly been my life. Dressed in a gown, as a woman, never as a man. My grandfather was Italian from Florence; he was a painter, a fencer. Mi family is a family of artists. I remember thereafter dancing ballet in front of my grandfather, and one day him saying I was fantastic, that I just needed to straighten my fingers a little more. He said: Ballet is totally your thing. In high school I dyed mi hair, wore truly scandalous outfits and big sunglasses, and sewed on the bus, with my face all done weirdly like a woman. I'd wear bras and panties. Tell the boys on the bus, I'm wearing a bra, wanna see it? They'd go crazy. They didn't know what to do! I mean, this was the 1970s in Cuba.

Marquesa was my first gay friend; we met in La Habana and oh my God, when I first saw her all dressed in black, covered in white makeup—she looked like Dracula—she told me, I am the Marquesa. And I told her, What you are is my friend, carajo. We used to perform in the middle of the bushes, in the midst of passing goats and animals, the space filled with faggotry, and a boom box.

I'm crazy to do something like that again. I was a drag queen in Cuba when faggots were outlawed.

In 1975 I planned a tribute for May Lan, one of the best transformistas Cuba had in the 1950s. Back then we performed in a house I rented, all of it against the law, of course. May Lan was a couturier who dressed many famous people in Cuba, such as Rosita Fornes (one of the greatest vedette of our time) and Josephine Baker. That day she feared the police would find us so I told her, Niña, the police are *not* coming, what's coming are 200 faggots that are going to applaud you. We did it. She was like 50 years old.

All that hatred towards homosexuals in Cuba during the 1970s was also promoted by teachers. In eighth grade I couldn't handle it anymore, so I dropped out of school. I am an artist, qué carajo matemática ni una mierda. And, no te creas, I had an amazing education, I speak various languages, I can talk about painting, literature, music, whatever you want—physics! I didn't go to school not because I didn't want to, but because they didn't let me. To be a faggot in Cuba during the 1970s was the worst thing you could be. The government went all over the world looking for ways to end homosexuality, they even opened a concentration camp called UMA in Camagüey. When you signed up for the military draft they picked out everyone who was an outcast, not only homosexuals, but anyone who could be related to this group, and sent them to the UMA. You couldn't wear shorts, a certain kind of sandal, or long hair. If that wasn't a concentration camp then I don't know what is! Because I am almost 60 years old and haven't been able to finish school, I have schooled myself. Not because I wanted to, but because I had to.

We came to this country from such a repression, honey!

Once, still in Cuba, Marquesa and I were waiting for lunch when this crude Castrista, disguised as a pedestrian, hit us with cables. Marquesa's leg cut open. All tissue and everything out. She was very religious, and while I poured vinegar on it Marquesa said:

Oh Catherine, this is just like Christ.

Ay no niña! *What* Christ?

She said: I'm a very Catholic woman.

I told her, Catholic? What we need to do is leave this place.

In 1980 I arrived in Miami on a Monday. I was part of the 10,800 people who congregated at the Peruvian embassy in La Habana. There was an advertisement in Cuba at the time that completely shocked me. This bold dictator saying, *The safest route to Miami is via Mariel.* I could not believe it, at the end of the News Program! Castro decided to change history: Prisons and mental hospitals were opened, and millions of Cubans arrived in Miami. They had us at the Orange Bowl, in a refugee camp, and when I got there, a man helped me find a job, a gay man, an intimate friend of Reinaldo Arenas, Daniel Fernandez. For the record, Reinaldo Arenas is an acquaintance of mine because he was a tremenda hijeputa. We passed each other randomly in some stairs one day and when she saw me she said, But what a fierce! faggot! And I told her, And you, niña! I didn't even know who he was.

So I told Daniel Fernandez, I am a drag queen, a transformista. He told me: Tu sí la bateaste, people come here asking for all sorts of jobs, but drag queen? Then he said, Alright, come Wednesday and I'll look for a job on the beach for you.

There were two bars on Miami Beach at the time and Scarface sold cocaine and all the locas dressed up in disco stuff and their beards. We shaved, but when we dawned at the hotels near downtown we said to each other in the morning, Niña, hide that beard! I had grown out my beard in Cuba so I wouldn't go to prison again. So I'd look heterosexual.

I kept the envelope of my first payment in 1980 of $75. I started working on a Monday in the most fabulous show in Miami, imagine, I had just arrived. Still salty. When I was up on stage doing my number, a song by Italian singer Mina, the bar went nuts, it looked like a political uprising: Cuba! Cuba! Cuba! And the locas afterwards asked me: But, who are you, niña? Because I was very famous in La Habana. I had a ballet company and all the faggots there knew who I was.

That year I was almost killed during gay pride in Miami. There were few of us in the parade, seriously, three people and some Cubans, and I was gorgeous with a great black dress and a blonde wig. All of a sudden a man with a stick came up to me wanting to kick me. I walked away from the parade and this person was coming towards me with a thick stick, so I literally jumped inside a moving

car, the man driving it frozen in shock when he saw the kind of laaaaady sitting in his car. He yelled, You've got to get out! Get out! And I said, I'll get out on the next block. He drove for a few blocks, and I ran until I saw my fellow faggots on the other street.

From Miami I moved to Dallas. I was 25 years old. Because Fidel cleared the prisons in Miami, people were killed left and right all the time; it was horrible. And a friend called and invited me to Dallas because she *knew* I'm the one who forms the groups y el brete, that's natural in me, to direct theatre, cabaret shows, classic concerts. All of that. Innate. In Dallas we created a new show. Marquesa, may she rest in peace, and Aurorita, her sister, may she also rest in peace, were two faggots already in Dallas. Adela, who is alive, also arrived. When Adela got there I told her, Here you have to work, you have to be part of the show. She replied, But I'm not an artist. And I told her, What? You are gonna see that you *are* an artist. This in 1981.

Melissa, a friend of mine from Cuba, now a sex change, met a Mexican bartender at a bar that looks like a big ship. In Dallas everything is very big. I still can't believe I lived there for three years. The bartender connected us with management so we could perform there (which was a straight bar) and they told us, We are going to try you on a Saturday and if the owner likes it you're hired. None of us had clothes for this. We bought leotards of all colors, heels, fishnets, and wigs, and we made up a story: That we came from Las Vegas and that we were called Las Locas por el Mambo. This group of friends saved my life.

Then one day, Sofia Lamar—now The Queen of Manhattan—told me, I have The City! We're moving to San Francisco. She told me: Yours is Polk street. At the time Polk was gay, I didn't much care for the Castro because I thought everyone looked the same. So in 1983 I arrived in San Francisco.

San Francisco had always been a dream. As a kid, I'd watch the streets of San Francisco from a projector my mother had in the house and became completely fascinated. I told myself, One day I will live there.

At the time Esta Noche did not have a gay show, and I was one of the first people to perform there. It was really just a bar for gay

and lesbian Latinos but without a show. There was no stage. The same hole in the wall with that awesome flavor; it's the only thing we have. The only place that remains. Too bad that in a city like this one with so many Latino intellectuals, artists, performers, and writers, we don't have a place we can call our own.

Anyway, after some time someone approached me asking if I could orchestrate a show. She said she had a cabaret on 181 Eddy and she didn't have a show; it was only herself performing as Diana Ross.

And I told her: Niñaaaa, ready! Of course I did it. This was the most fabulous show I've done in my life. In fact, I even had a spiritual experience in the show. In the mind sex and art are in the same point, when you have an orgasm it can be an artistic orgasm, and I had one. Because I had everything I wanted for that show: I had lights, a 1940s cabaret, an amazing cast, scenography, and an all-Cuban audience just arrived in the US. Look, I'm getting goosebumps and all; they screamed and cheered.

We named the group Dream Girls because it was all like a dream. Every single weekend we performed a new show. All of us were stars. Everyone had to have talent to be there, you couldn't just kick it and stick around. Couldn't be a chicle. We'd sing old songs in Spanish, boleros, songs by Cuban artists, also songs by this Italian singer I really love named Mina, and a lot of Brazilian songs. But most of the songs were in Spanish because my community is really important to me, and I've been a voice for my community where there was none. It was a drag show in Spanish that became so popular at the time the only cabaret was Finocchio's and Finocchio's sent people to watch us, to see what exactly we were doing. My boyfriend at the time, a Venezuelan film director, had a fantastic idea. He said, We should sell it as a tour for tourists, we'll get a bus and bring them here. We did, and it became very famous.

Right then the epidemic started.

Nobody called it an epidemic. The government had it hidden, was really silent about it. I found out through a friend whose lover died and we were all freaking out about it. Then the "gay cancer" broke on the news. We didn't know what it was: It was 1983 and I was there.

The show at 181 Eddy only lasted two years. It ended so fast because the organizer, the girl performing as Diana Ross, said I had to stop thinking of myself as The Queen of the show. Well, the girl used to be a criminal and one day came to see me and said, If you don't leave I'll cut your face because you are not the star of this show.

After working on this cabaret show I got scared, I didn't want my face cut, and, imagine, I lived in the heart of the Tenderloin—at Eddy and Taylor—so I didn't perform for about thirteen years. I left the show biz because I was scared and I was married, had a man. My life has been an in-and-out of the stage. Transformismo is the beginning of theatre in Greece where men would dress up. When I don't get what I want from it I let it go until it comes back to me, because I have great respect for this art. And this art is lost now, surgeons are manipulating it. I want talent. If you have talent come work with me, if you don't have talent don't waste my fucking time.

After thirteen years Adela helped me like she's always done. My great friend, she said, I have all you've ever wanted to do: Theatre. So we did *La Casa de Bernarda Alba* at Mission Cultural Center. We did it with the community. My relationship with my community has always been through performance, show, art. Because art heals. Art is the only form of telling history, sabe? I haven't done all of this intentionally, it just comes naturally to me, it is a necessity to perform, it is not a business. I came back to Esta Noche to fundraise money for the theatre production. We raised some money, and Proyecto ContraSIDA helped us put it together at Mission Cultural Center. It is hard to direct people. I do not want to control anyone, I want to direct them, to tell them: Amor, enter through here and exit this way. You cannot use high heels because you are a maid in the 1930s, no puedes chancletear. But, do you get me? I'm not a teacher. I'm a creator of things. But since I've never had money I've always done art because I have to, because I feel it is my duty.

During the 1990s I wore a big mohawk, high heels, leather pants. Skinheads were becoming trendy in the Haight at this time. Oh my God. My friend Ricardo, may he rest in peace, was a writer dressed in leather pants, huge hats, face done like a queen and a tennis racket. She'd come out like that. Her husband was a couturier.

Well, that day some skinheads ran after us trying to beat us. We
ran! I yelled: Hijos de puta! Motherfuckers! We are faggots, get out
of this city! They looked like bulldogs, those white shaved boys.
And then, niña, Catherine got television. I had said: I want
TV. I wanted the spiraled crystal stairs, silk, ostrich feathers, and
birds of paradise saluting me: I wanted it all. Of course this is an
expensive art, done with respect, otherwise I won't do it. So for 15
years in the 1990s, I had a Latino drag show called The Catherine
Show Presents. On channel 53, El Canal de Las Estrellas. The only
program on Public Access during 1995 was The Catherine Show
Presents. I was lucky enough to present millions of documentaries
brought for the Gay and Lesbian Film Festival; people gave me the
TV premiere.

I invited and filmed people. I recorded Esta Noche. All in
Spanish, girl. I was Catherine on a weekly show. But at the end,
I was the only one editing, inventing, pulling things out of my
butt. I have made art because you have to do it, and I've made it in
Spanish. Because luckily, or unluckily, however you wanna see it,
I am not American. I am Caribbean coño, I'm from Cuba. And if I
die and have to be born again, I want to be born in Cuba.

With all my friends we've always had women's names. And until
my early twenties I wanted to have a sex change, but then I discovered that wasn't my path, that I am a transformista, an illusionist.
I'm a transsexual or…I don't even know what to call it. I don't
have a name. I'm beyond names. Before, I wanted a sex change,
and imagine that, in Cuba, it was crazy talk. But as a teenager I'd
seen magazines of girls with tits and a dick and I was completely
fascinated. Like, What's this? I loved it. During my first ballet class,
for instance, I tucked in everything, pulled it all the way back. The
ballet teacher said to me, Take it out right now, push it all forward
or you're gonna get a hernia and we're gonna have to take you
to the hospital. Of course, you could not be a faggot and a ballet
dancer. But I insisted on being a dancer, and once inside I had to
behave like a straight man. And yet, I looked beautiful with my
pussy pulled all the way back. Then I realized, girl, if you make
yourself a woman you're gonna have a man telling you what to do.
So, no mami. Afterwards, all my friends in Dallas took hormones

and got surgery and I was a little traumatized. I remember the first one to get surgery was Sophia in San Francisco, and when she opened her legs—my *friend*, who I had seen naked with a dick all my life—ay niña, I almost died. It looks like you got your balls cut, she had a hole. After seeing her, I had a week of nightmares in which I was getting my dick cut open. Sophia had been with me at the embassy in Cuba. I told Adela the other day, if in Cuba when we were young girls there had been sex changes, I would have an old pussy now talking to you. An old hole.

I've had the privilege in this life of living and continuing to live both worlds. But when you dress as a woman, when you remove your pants you realize the power men have given to pants. Not even faggots want to drop their pants, because when you remove your pants you lose power. Y yo me resingo en el coño de la madre del pantalón. I wear skirts, panties, and I have balls and a dick bigger than everyone. You need *balls* to put on a pair of high heels and a dress and go out into the streets! Whoever you are, you need strength to do that. Hellooo, but I'm a free spirit. I don't have sex. Don't even question it. I love dressing up as a woman but who knows, I've never been asked to dress as a bear. Never in a suit though. I've only had one suit in my life, because in Cuba you had to attend the ballet in a suit and tie. But my thing is the dress, being a drag queen.

And I'm still doing it. Of course I'm not as active as before, you know my age…well, it's actually not my age, more that I haven't found a place where to hatch my next egg. So I'm not going to hatch it yet. I've had this idea of opening the salon in my house once a month, so that all my queer Latinos can come sing, play the guitar, perform, read, whatever. I'm crazy about this. I did it a few times but want to bring it back.

I think transformismo is a marvelous gift. Latin American transformismo is special because it has a certain passion, a tumbao. A different flavor. I'm not sure what it is. I've made a living out of it. I mean, I am also a professional stylist. I've cut hair all my life, but that is not really my passion. I've been so lucky in my life. I could die talking to you right now. I believe in Buddhism and I think this is my last reincarnation. I don't think Catherine is going to

reincarnate anymore. It has cost me my entire life to be who I am, because I have high heels and boots. When do I wear the heels, and when do I wear the boots? It has always been very ambiguous, but that's who I am. And if it has taken so much for me to understand it, I can only imagine for other people what an effort it must be.

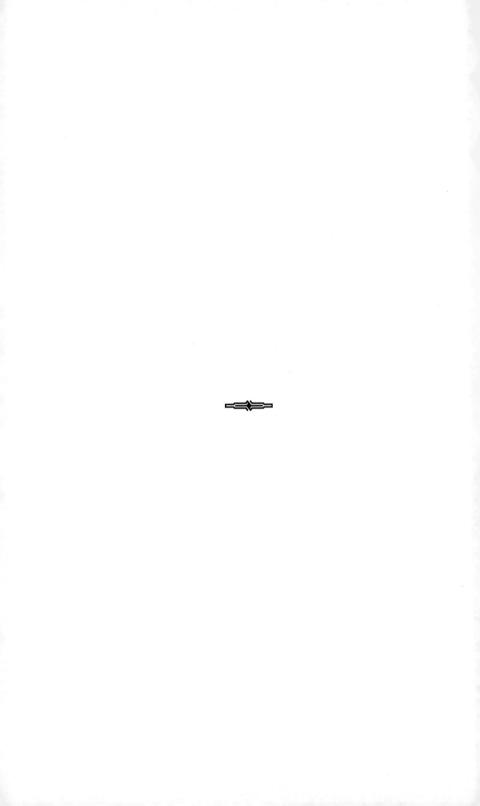

Glossary[1]

Armario: In English, closet. *Estar en el armario,* to be in the closet, is an expression used by people in the LGBT community who do not openly declare their sexual orientation (or gender identity). *Salir del armario,* to come out of the closet, is to openly declare one's sexual preference (or gender identity).

Drag Queen: Generally, a male dressed in hyper-feminine clothes in order to entertain. A drag queen is the life of the show: She lip-synchs, she dances, and she entertains.

Fuerte: Literally, strong. In English, it's better known as fierce. Someone flamboyant, bold, who does not care what others think.

Latinx: Used by LGBT Latinos/as to indicate all genders.

LGBT: Acronym for Lesbian, Gay, Bisexual, and Transgender.

Loca: General term for all females and males who feel like women in some way or another. *Oye loca!* may also be used when you don't remember a person's name. Or, *loquita!* someone you met on a night out.

Maricón: Literally, faggot. Used in Spanish between people who are intimate; you call someone a maricón when you know them. Alternatively, maricón, depending on the context, is used as a pejorative term by a homophobic person.

Mariconería: Literally, faggotry. A way of carrying oneself: A culture. Also, a reunion of maricones who act very feminine.

¡Niña!: Literally, *girl.* Used to say, *What up! Bitch! Sister!*

---

1. This glossary was created with the help of Adela Vázquez. The queer terms and concepts presented here are only representative of their applications in this book: They are not meant to stand as set definitions and have not been agreed upon by the entire LGBT community.

Transformista: Men who dress in feminine clothes for artistic purposes. Original term used by urban locas.

Transgender: A person who identifies with a gender different than the one assigned at birth.

Transsexual: Also used as a legal term, transsexual refers to a transgender person who undergoes body modifications (at times surgical) to affirm their gender identity.

Travesti: In English referred to as cross-dresser. Generally, a male who wears women's clothes (in private or in public).

Vestida: Literally, dressed. Dressed as a woman; at times used as a synonym for drag queen.

About the Author

Juliana Delgado Lopera is an award-winning Colombian writer, oral-historian based in San Francisco. The recipient of the 2014 Joseph Henry Jackson Literary Award, and a finalist of the Clark-Gross Novel Award, she's the author of *Quiéreme* (Nomadic Press 2017). She's received fellowships from Brush Creek Foundation of the Arts, Lambda Literary Foundation, The SF Grotto, YBCA, and an individual artist grant from the SF Arts Commission. Her work has been nominated for a Pushcart Prize and published in several journals. She's the executive director of RADAR Productions.

About the Illustrator

Laura Cerón Melo is a Colombian visual designer and illustrator. She has worked in the fashion and publishing industries, in San Francisco and her hometown of Bogotá, Colombia, and currently works and lives in San Francisco doing graphic design and communications for GLIDE. In addition to her work at GLIDE, Laura freelances for other nonprofits in the city and participates in artist-activist groups and organizations locally and nationally. She holds a bachelor's degree in design and a certificate in marketing.